愛されフリーランスのすすめ

楽しく働いて仕事が途切れない私になる4つのルール

仙道達也
Sendo Tatsuya

幻冬舎MC

愛されフリーランスのすすめ

楽しく働いて仕事が途切れない私になる4つのルール

はじめに

近年、「フリーランス」が注目を集めています。

ＩＴ技術の進歩により、現在ではパソコン一つでさまざまな業務がこなせるようになってきました。フリマアプリやスキルシェアサービスなどが発達し、組織に属さなくとも自らのノウハウを商品化し、自由に販売することができます。

組織に依存せずともインターネットの力を借りてビジネスができるフィールドが増えたことで、個人のビジネスチャンスは広がりました。そうした背景から、組織から独立してフリーランスとなる人が増えているのです。

実際、【ランサーズ】フリーランス実態調査２０１９年度版によると、フリーランスとして働く人の数は、２０１５年には９１３万人でしたが、**２０１９年には１０８７万人となり、労働者全体の16・４％を占めるようになっています。その経済規模は推計20兆円を超えるといわれ、日本経済に与える影響も大きくなってきています。**

そんな状況を受け、政府も２０１９年６月にまとめた成長戦略の中で、フリーランスが働きやすい環境づくりを打ち出し、支援する姿勢を明確にしています。

組織に属さず、自らの経験やスキルを活かして働けて、働く場所や時間にもとらわれない。フリーランスなら、自由度が高く、自分らしいキャリアを築いていくことができるといえます。特に女性の場合、就業場所や時間に縛られることで家事や子育てとの両立が難しくなるなどの弊害もありますから、こうした働き方に、憧れる人は多いのではないでしょうか。

しかし、フリーランスで仕事を始めたからといって必ず稼げるとは限りません。フリーランスは完全歩合制で自己責任の世界ですから、努力、スキル、知識などが足りなければすぐに立ち行かなくなります。

実際、収入が得られずに困窮している人もいますし、フリーランスは会社員と比べて弱い立場に置かれることが多いため、安い報酬でこき使われている人もいます。

そんなつらい人生になるなら、あえてフリーランスになる意味はありません。フリーランスは魅力的な働き方ですが、厳しい働き方でもあるのです。

では、フリーランスとして成功するにはどうすればよいのでしょうか。

僕は2014年に、フリーランスの人を対象に集客支援やインターネットによるプロモーション支援をする会社を立ち上げました。具体的には、セミナーを通じて集客術やマーケティングスキルなどを教えたり、マーケティング塾を開いて塾生に個別支援を行ったりしています。

支援したフリーランスの人たちの中には、年商1000万円を超えた人が140人以上います。フリーランスの人を支援するコンサルタントやサービス会社はいくつもありますが、業績の伸び方という点では僕が支援した人たちがずば抜けていると自負しています。


なぜ成果が出るかというと、フリーランスで稼ぐために必要なスキルやノウハウを伝えるだけにとどまらず、「愛されるフリーランスになる」ことに軸足をおいた支援をしているからです。

自分の商品やサービスがお客さんに愛用され、自分自身がお客さんに慕われ、社会に必要とされるようになれば、自然と収入は増えていきます。パワハラやセクハラなどに耐えることなく、自由に、対等に、自分らしく働ける環境をつくることができます。

そのために必要なことを、余すところなく徹底的に教えるのが僕の事業の特長です。


「愛される」というと漠然とした印象を受けるかもしれませんが、**愛されフリーランスになるための取り組みは論理的です。**自らの営業なしに仕事が舞い込む方法も、事業を伸ばしていくためのポイントやステップも、言語化して説明しますので、誰もが実践できるノウハウとして学ぶことができます。

本書は愛されフリーランスになるための道筋とノウハウを、僕の経験を踏まえてマインドとテクニックの両面からアプローチし、細かく解説したものです。

僕が支援してきたフリーランスの人たちの成功パターンだけでなく、僕自身がフリーランスとして試行錯誤し、時に失敗してきた経験も詰め込みました。

「フリーランスっていいなあ」「挑戦してみたいなあ」と思っている人にとって、本書は一歩目を正しい方向に踏み出す一助となるはずです。

「フリーランスになったけどうまくいかない」と悩んでいる人には、本書が軌道修正のヒントになり、もっと楽しく、もっと自由に働くための支援になるでしょう。

愛されフリーランスとして時代の変化を生き抜いていくために、本書が役に立つことを願ってやみません。

目次

第2章　愛されフリーランスになるためのルール①

ポイントは「熱意を持ち続けられる」か。
「得意なこと」より「寝落ちするまで没頭できること」を仕事に選ぶ

第3章　愛されフリーランスになるためのルール②

第4章 愛されフリーランスになるためのルール③

モデリングからイノベーションへ。仕事の質と独自性を高めてファンを増やす

第1章

楽しく働けて、仕事が途切れない。

自分らしいキャリアを築くなら「愛されフリーランス」を目指そう

フリーランスになるだけでは自由は手に入らない

組織に属さず、働く場所や時間にもとらわれずに、自らの得意なことやスキルを活かして自由に働ける——そんなイメージを抱いて、フリーランスに憧れ、本書を手に取った人も多いのではないでしょうか。

インターネットが発達した現代では、フリーランスという働き方が、以前よりも身近なものになりました。フリマアプリやスキルシェアサービスといった新たなプラットフォームを使い、誰もがさほど資本をかけずに、自らのノウハウを商品化、販売することができるようになっています。

その結果、個人がビジネスを展開できるフィールドは広がり続け、組織から独立してフリーランスになる道を選ぶ人が増えているのです。

ただ、だからといって誰もがすぐにフリーランスとして成功できるわけではありません。

僕は現在、フリーランスで働く人の事業拡大を支援する会社を経営していますが、そこには切迫した悩みを抱えて駆け込んでくるフリーランスのお客さんがたくさんいます。

思い切って会社をやめ、フリーランスになったけれど、なかなか安定して仕事を得ることができず、稼げない。薄利多売でなんとか仕事を回しているけれど、時間も足りず、自由もなく、結局は会社員時代のほうが幸せだったと後悔している。そうした人が、本当に多くいるのです。

かくいう僕も、順風満帆な人生を送ってきたわけではありません。

紆余曲折を経て、フリーランスとして独立し、試行錯誤を繰り返しながら、現在の自分へとたどり着いたのです。

ここで少し僕の過去について紹介させてください。

僕がフリーランスになろうと決意したのは24歳の時ですが、実は高校生のうちから、「自由に生きたい」という強い思いがありました。

高校時代、僕は音楽に夢中でした。

90年代のバンドブームの中、GLAY、L'Arc～en～Ciel、LUNA SEAといったビジュアル系バンドの虜になり、ピアノ、ギター、ベース、ドラムまで、なんでもやっていました。

ステージで圧倒的な輝きを放つ、ミュージシャンたち。

彼らは、僕にとっての自由の象徴だったのです。

音楽だけを追求し、人を感動させて、大金が入ってくる。

そうして真っ直ぐに生きている彼らは、いつも自由であり、何物にも縛られないからこそ、輝き続けられるのだ。そう思っていました。

では、自分はどうなのか。

それなりに優秀な、今の高校を出て、そこそこの大学に進学。いずれどこかの企業に就職し、毎日会社に通って働きながら暮らしていく……。僕にとっての「平凡な人生」へのレールがすでに敷かれているように感じ、それにいら立っていました。

父が会社員だったことも、影響していたかもしれません。

上司や部下、同僚も選べず、お客さんも選べず、就業時間や付き合いに縛られて自由時間もままならない。その対価として大金をもらえるわけでもない。

今思えば、偏った見方ではありますが、当時の僕の目には、会社員という立場が「人生の自由を失った人々」のように映っていたのです。

僕は、もっと自由に生きていきたい。

誰に気を遣うこともなく、好きなことだけをやりたい。

そんな思いが心からあふれ出て、いても立ってもいられなくなりました。

そして僕は、大学に進学するのをやめ、ミュージシャンになって、成功して、自由をつかむことを夢見て、上京することにしたのです。

お金の奴隷になっていた日々

しかし、いくら熱い思いを心に秘めていても、それだけで成功できるわけではありません。

生活費をアルバイトで稼ぎつつ、空き時間のすべてを練習やライブに充て、自分なりに必死に奮闘しました。そうしてなんとか音楽一本で生計を立てようとしたのですが、それでもなかなか成果は上がりませんでした。

アルバイトにおいては、僕の中にある「本業はミュージシャンなんだ」という思いが、仕事の妨げとなっていました。「お金のために仕方なくやっている」という感覚が強いせいで、仕事にはまったく身が入らず、ミスを連発していました。

結果的にどのアルバイトも長続きしませんでした。

そんな中、一つだけ続いたアルバイトが、コールセンターでした。パソコンの使い方が分からない人からの、問い合わせを受ける仕事です。

パソコンの操作方法を説明するだけなら、それほど苦労はありません。

しかし、中には理不尽なクレームを言う人もいます。商品とは関係ない愚痴や文句を言う人もいます。それを受けた時の苦痛は、僕にとって相当なものでした。

なぜ自分は悪くないのに、こんなに謝り続けねばならないのか。

お金のために、やりたくないことを毎日やって、それでも生活はギリギリで……これじゃあお金の奴隷じゃないか。

僕の求めた自由は、いったいどこに行ったんだ。

どうにかしなければいけないと、必死に音楽活動に打ち込みますが、まったく芽が出る気配がありませんでした。

もはや、どうしたらいいのか分からない……。

不安と焦りが募りに募った結果、僕はついに体調を崩しました。

朝起きて「仕事に行かなくては」と思った瞬間、体が動かなくなります。

なんとか職場にたどり着いても、ぼーっとして集中できません。

起きているか寝ているか分からないような、そんなぼやけた感覚のまま、ヘッドセットをつけて、ひたすらパソコンの操作説明を繰り返し、ひたすらクレームを聞き続ける……。

やがて、食欲がなくなり、まったく何もする気がしなくなりました。

「このままではいけない」と、残る力を振り絞って、なんとか病院に行きました。

診断結果は「うつ病」でした。

自分の人生に本気になったら歯車が回り始めた

僕の人生は、この時がどん底でした。

ミュージシャンという夢は、もはやはるか遠くに霞んでしまい、見失いつつありました。なんのために生きているのか分からなくなり、毎日がただただつらいだけでした。

うつ病がさらに悪化して、すべてを投げ出して引きこもるのは時間の問題……。**そんな状態の中、最後の希望となったのが、高校から抱き続け、温め続けてきた「自由への思い」でした。**

僕はまだ、自由を手にしていない。

それを叶えるまでは、死ぬわけにはいかない。

ここでまた、僕の心は自由への渇望で満たされ、次第に生きる原動力へと変わっていきました。

このままコールセンターで働いていても悲惨な未来しか見えない。たとえ収入がなくなったとしても、自由を目指して納得いくまであがいたほうが、きっと幸せなはずだ。

そして僕は、コールセンターをやめる決意をしました。

今思えば、この決断で、ようやく自分の人生と本気で向き合えたのだと思います。

それを機に、僕はこれまでの人生を振り返ってみました。そして、自分が本気になったものはなんなのだろうと考えました。

ミュージシャンになりたいという思い。それは確かに本気であり、覚悟を持って上京しました。夢は叶いそうにありませんが、それでも音楽に熱中した時間は、とても充実したものでした。

ならば、**同じくらい本気になれる仕事を探せばいい。**

自由をつかめる仕事、自分らしく働ける仕事が、きっとある。

その仕事を見つけるために、僕が選んだのが、フリーランスという道でした。

コールセンターをやめよう、そのためにフリーランスで独り立ちしようと決めて以来、僕は精神的に自由になりました。

真っ暗だった未来にほんの少しですが希望の光が射し込み、うつ状態からも回復していきました。

ただし、先にも述べたように、フリーランスになろうと決めてからすぐにうまくいったわけではありませんでした。いろんな仕事を試しながら右往左往しつつ、自分らしい自由な働き方を実現していったのです。

3つの自由を手に入れてこそ、真に自由になれる

こうした僕自身の経験や、自らの受講生たちを育てた経験から、フリーランスとして真に自由になった状態といえるのは、ただ独立しただけではなく、「3つの自由」が手に入った時であると考えるようになりました。

この「3つの自由」とは、お金の自由、時間の自由、人付き合いの自由です。

お金の自由は、お金の稼ぎ方と使い方を自分の判断で決められる自由のこと。
時間の自由は、好きな時に働き、好きな時に休める自由のこと。
そして、人付き合いの自由は、仕事や仕事相手を選べる自由のことです。

フリーランスの働き方を「自由に働くこと」と定義するとすれば、自由に働くために不可欠なのがこの3つです。

これらの自由は、会社員をしているとなかなか手に入りませんが、フリーランスになるだけでもまだ、手に入りません。

例えば、お金。

フリーランスになったとしてもすぐに仕事が入って来るわけではありません。

最初の数カ月は無収入になることも珍しくなく、僕の塾に通っているフリーランスの人の中にも「半年くらい仕事がなかった」「1年くらい暇だった」と言う人がいます。

時間や人付き合いについても同じです。

稼ぐために寝る間を惜しんで仕事をしなければならないこともありますし、苦手な人や嫌な人と仕事をしなければならないこともあります。

フリーランスを目指す人は、ついフリーランスになることをゴールと思ってしまいがちです。

しかし、そこはゴールではなくスタートラインなのです。

フリーランスになろうと決意をすることも一つの壁ではあるのですが、3つの自由を手に入れるまでにも、大きな壁があるのです。

自分らしく自由に稼ぐために「愛されフリーランス」を目指そう

では、「3つの自由」を手に入れ、末永く活躍するためには、どうしたらいいのか。

僕がたどり着いた答えが、お客さんに愛され、社会に愛される「愛されフリーランス」になるということです。

「愛される」というと抽象的なことのように思えるかもしれませんが、これはお客さんや仕事相手から「慕われる」とも言い換えられ、仕事を進めていくうえで大きなポイントになります。

自分の商品やサービスがお客さんに愛用され、自分自身も慕われるようになれば、自然と収入は増えていきます。

フリーランスとして働く中でも、取引先、お客さん、社会から愛されるような存在になれば、仕事は向こうからどんどんやってきて、支援者も増えていきます。

収入が増え、支援者も増えれば、長時間働かなくても済むようになり、仕事内容も選べるようになりますから、自由に使える時間も増えます。さらに、不平等な人間関係に脅かされることもなく、自由に、自分らしく働けるようにもなるのです。

ですから愛されフリーランスになることこそ、フリーランスとして末永く稼ぎ、真に自由で自分らしく働いていくための近道だといえます。

ではどうやったら愛されフリーランスになれるのか。その道のりについては次章以降で解説していくとして、本章では、愛されフリーランスになるとどのようなメリットがあるかを記しておきたいと思います。

自分らしく稼ぐ先にある究極の自由

愛されフリーランスとなる大きな魅力の一つが「社会を変えられること」です。「3つの自由」が、自分らしく稼いだ成果であるとすれば、社会を変えることは、その自由がひとおりそろった先で生まれる、自分らしく社会に貢献できる自由です。

社会を変える、社会に貢献などというと重苦しく感じる人もいるかもしれません。しかし、社会と関わる方法はたくさんあり、例えば趣味を通じて集まれるコミュニティをつくることも社会を変えることにつながりますし、頑張っている人たちを、事業を通じて応援することも社会貢献です。

3つの自由がそろうと、そのような活動のためにお金と時間と人間関係のコネクションを使うことができるようになるのです。

これはいわば「究極の自由」であり、そこに到達できたなら、フリーランスであることを心から誇ることができるでしょう。

仕事をしていると「こんな人たちを支えたい」「こういう人たちに向けたサービスがつくれたらいいな」と思うことはないでしょうか。生活者として世の中やニュースを見ている時も「こういう商品があったら便利だろうな」「世の中がこんなふうに変わればいいいな」などと感じることはありませんか。

そのような思いやアイデアがあっても、会社員として働いているとなかなか形にはできません。会社には会社の方針がありますし、制度、社風、伝統、株主など、さまざまな面で制約を受けるものです。社会貢献の度合いより、利益が見込めるもののほうが優先されやすいという実態もあります。

最近は社内起業を推進したり、社員から新規事業のアイデアなどを募る企業も増えていますが、まだまだその数は少なく、やりたいことに挑戦する機会にはなかなか恵まれません。

やりたいことに挑戦し、自分が理想的と思う世の中に自由に変えていく機会を得る。これが愛されフリーランスになる最大のメリットであると、僕は考えています。

愛されフリーランスになれば、社会貢献する余力が持てるようになる

「自分らしく社会貢献できる自由」というのは、現在フリーランスで活動している人もあまり認識していない自由だと思います。

僕自身、フリーランスになった当初は、お金、時間、人付き合いという3つの自由を手に入れることがゴールだと思っていました。

しかし、**3つの自由がある程度そろってくると、事業の目的や自分の役割について考えるようになります。「稼ぎたい」という個人的な欲求が小さくなる一方で、社会に向けて何かしたいという思いが強くなります。**

社会のさまざまな課題を見ながら自分なりの解決方法やアプローチ方法を模索していたら、ふと自分には少なからず社会に貢献し、社会を変える余力と機会があることに気がつきました。

それを機に、僕は自分がどんな人を支え、どんな世の中を理想としているのか考えるようになりました。

その結果、フリーランスで働く人を支援することが僕の仕事であると確信を持ちましたし、この仕事を追求することが僕なりの社会貢献なのだと思うようになりました。

僕の塾に通ってくる人で多いのは、セラピスト、カウンセラー、コンサルタントなど誰かに寄り添い、支援する仕事の人たちです。そうした、誰かを支える仕事をする人の支えに自分がなれることは、僕にとっての大きな喜びです。

誰かを支援する人が増え、社会全体にサポート文化が広がっていくことが、僕が理想とする世の中の姿でもあります。

世の中には、愛されフリーランスとして稼いでいくための方法が分からず、困っている人がいます。

そのせいで、もしかしたら優秀なセラピスト、カウンセラー、コンサルタントなどになれるかもしれない人が、フリーランスとして活躍できる未来を諦めてしまっているかもしれません。

そういう現実を変え、愛されフリーランスを一人でも多く増やすことができたら、僕は僕なりの方法で社会に貢献できたことになるでしょう。

こうした自分なりの方法で社会貢献ができるようになると、自分自身の人間性という部分も大きく成長していきます。だからこそ、僕は愛されフリーランスになることをおすすめしたいのです。

愛されフリーランスになって何を成し遂げたいか考える

愛されフリーランスを目指すなら、まずは早い段階で自分なりの社会貢献の方法や、自分が理想とする世の中の姿などについて考えてみるとよいと思います。将来的にこんな人を支えたい、こんな世の中に変えたいという思いと、フリーランスで携わる仕事の内容や分野は、最初からなるべく近いほうがいいからです。

例えば、子どもや子育ての分野で貢献したいと思っている人が、高齢者や動物に関わる仕事でフリーランスになった場合、３つの自由がそろったところでミスマッチが起きる可能性があります。そして、事業が成功したとしても、そこから本来やりたかった分野へと、大きく方向転換しなければなりません。

愛されフリーランスとして成功するためには、「こうなりたい」「こんなことに挑戦したい」という思いが原動力になります。関連性がない仕事を選んでしまうと、「楽しくない」「自分は本当は違うことがやりたかった」といった気持ちが生まれ、それが愛されるうえでの障害となり、３つの自由が手に入る前に諦めてしまう可能性も大きくなります。

そういう結末を避けるためにも、まずは自分がどんなことをやりたいのかじっくり考えてみましょう。

自分がいずれ実現したいことが明確になれば、どんな仕事でフリーランスになるかも絞り込みやすくなると思います。

その視点も踏まえながら、次章以降は愛されフリーランスになるための具体的なポイントを見ていきましょう。

第2章　愛されフリーランスになるためのルール①

ポイントは「熱意を持ち続けられる」か。
「得意なこと」より「寝落ちするまで没頭できること」を
仕事に選ぶ

疲れて寝落ちするくらい没頭できる仕事を選ぶ

本章では、愛されフリーランスを目指すうえで、どのように仕事を探すべきかを考えてみます。

フリーランスには条件も制限もありませんから、何をするのも自由です。

しかし、愛されフリーランスになるためには、自分にとって相性のいい仕事、没頭して取り組める仕事を見つけることが何より重要になります。

愛されフリーランスとして仕事を続けていく中では、苦労や困難もたくさん出てきます。それらを乗り越えるためには、その仕事を本気で愛し、苦しいことがあっても誇りと責任を持って向き合っていけるくらい、没頭できることが大切なのです。

その仕事に本気で没頭すれば、いつも高い集中力を持って臨め、結果的に仕事の質も高まるので、お客さんからの評価は次第に高くなります。対外的な評価が高まれば、それだけ仕事は増えていき、末永くその仕事を続けていけるでしょう。

没頭できる仕事とは、「極めたい」「追求したい」といった気持ちが無限に湧いてくるくらい情熱

が持てるものです。

では、そもそも物事に没頭している状態とは、具体的にどんなものなのでしょうか。

例えば、ゲームに夢中になる子どもを思い浮かべてみてください。

ゲーム好きの子どもは、親が「いい加減にしなさい」と言ってもなかなかやめません。親の目さえなければ、おそらく朝起きてすぐにゲームに取り掛かり、ご飯を食べるのも忘れてゲームにかじりつき、疲れて寝落ちするまでゲームの世界にのめりこみます。

このように、時に寝食がおろそかになるほど熱中し、一つの物事にのめりこむのが、没頭した状態です。

もし仕事にもこのくらい没頭できたとしたらどうでしょう。常に全力で楽しめて、夢に出てくるくらいのめりこんでしまう。そういう仕事であれば、きっと情熱を持って長く続けられます。

僕の場合は、その条件に合う仕事は音楽でした。

好きなバンドの曲はいつまでも聴いていられました。楽器の練習もまったく苦にならず、楽しいので何時間でも続けられました。

好きなことをやって暮らしたいという考えを、子どもじみていると言う人もいます。

「仕事はそういうものじゃない」「楽しいだけの仕事などない」と思う人もいることでしょう。

しかし、**自分が楽しいと感じることや大事だと思っていることに没頭し、それを生業にしようと努力するのは、人生の幸せの追求にほかなりません。幸せになるのを目指すのが、悪いことであるはずがありません。**

会社員であれば、「会社では時間や労力を切り売りして給料をもらう」「退社後や退職後に好きなことをやる」といった割り切り方もできるでしょう。しかしフリーランスは、すべてを自分の裁量でこなさねばならず、仕事とプライベートの境界線が薄くなります。よくも悪くも「仕事が趣味」という状態になりがちで、生活の時間と仕事の時間を切り離すのにも工夫が要ります。

ですから、**寝食を忘れるくらい没頭できる仕事を選ぶことで、人生の多くの時間が豊かになります。**

好きなことなら自然と努力できる

没頭できる仕事が見つかれば、成果も自然と出やすくなります。

その理由は、つまらない仕事を義務的にこなしている人と比べてみれば明らかでしょう。

人はつまらないことには真剣になれません。

「与えられたことをやればよい」「就業時間まで働けばよい」といった義務的な姿勢で取り組みますので、モチベーションも高まらず、できるなら手を抜きたいと考えます。やりたくないけれど、頑張らねば、努力せねば……などと考えてなんとか自分を奮起させないと、なかなか仕事を進められません。

一方、没頭できる仕事を見つけた人は、その仕事に携わることが楽しくて仕方ありません。先に挙げたゲームに没頭する子どもと同じで、よいアイデアを練ったり、あれこれ工夫したりする熱意が途切れることなく、集中力、真剣さ、探究心、行動力などあらゆる力が大きくなります。結果、パフォーマンスがよくなり、仕事の質も高くなるのです。

また、**没頭している人は、「頑張ろう」「努力しよう」などと考えなくても、自然と頑張れてしまいます。仕事が好き、楽しいという気持ちさえあれば、頑張る力が勝手に生まれるということです。**それくらいのめりこめる仕事を見つけることが愛されフリーランスとして成功するための鍵となるでしょう。

僕自身、フリーランスを目指し始めた当初はアフィリエイトやネット上での転売などに挑戦しましたが、いずれも没頭できませんでした。

一生懸命努力はしていたのですが、好きでもなく、楽しくも感じない仕事にはのめりこめず、成果も出ませんでした。

やりたくないことは続きません。続かなければ伸びません。

そのことを僕は身をもって理解しました。

逆に、そのあとに出合ったコーチングの仕事は好きになれましたし、楽しく感じました。コーチングで役立つ知識を身につけるため、ビジネス書、自己啓発書、成功者の哲学書などを読み漁りましたが、不思議と苦に感じませんでした。

僕は決して勉強好きではありません。むしろ、嫌いで高校の勉強すら諦めていたくらいでした。特に文章を書くことにはコンプレックスがあり、高校では現代文で偏差値38という衝撃の成績を叩き出したほど苦手です。

しかし、そんな僕でも、なんのつらさも感じることなく毎日何時間も勉強することができました。そうして勉強して得た知識を自分なりにまとめる意味もあって、ブログを書いて情報発信し始めたのですが、コーチングをテーマとしたブログはスラスラ書けました。

文章の巧拙は別として、コーチングについて書くことが楽しかったですし、楽しいから長く続き、徐々に書く内容も洗練されていったように感じます。まさに「好きこそものの上手なれ」です。

やりたい仕事は自分で探すしかない

フリーランスを目指す人の中には「やりたいことがない」「見当たらない」と言う人もいます。

そういう人からすると、「ミュージシャンになりたい」「コーチングの仕事をしよう」といった本気になれる何かに出合えた僕が幸運に見えるのだそうです。


しかし、それは少し違います。

やりたい仕事は出合うものではなく、見つけるものです。

没頭できる仕事をしたいと思うのであれば、また、たくさんの人に長く愛されるフリーランスになりたいと思うのであれば、**天職が偶然見つかるのを待つのではなく、自分で動き回り、探し回らなければなりません。**

「やってみたい」「面白そうだ」と思う仕事が、自分に向いているかどうかは、やってみなければ分かりません。僕の場合も、アフィリエイトやネット転売は、面白そうだと思いましたが、自分に向いていませんでした。

そうして一度トライしてみて「自分に合わない」と分かったことも、重要な発見でした。

そしてそこで諦めず、新たな仕事を探し続けた結果、僕はコーチングに出合いました。

つまらなければやめて、次の仕事に挑戦することを繰り返していけば、遅かれ早かれ没頭できる仕事にたどり着くと思います。

そのような試行錯誤は、会社から与えられた仕事をこなさねばならない会社員にはできません。

余談ですが、僕がやりたいことをやっていいというマインドを持てたのは両親のおかげだと思っています。

僕は中学生のころに音楽に興味を持ちましたが、その様子を見て、親は僕にあらゆる楽器を買い与えてくれました。ミュージシャンを目指して18歳で上京した時も、まったく反対せずに応援してくれました。

「こうしなさい」「こうなりなさい」といったことは何一つ言わず、自分で自分の可能性を探り、人生を切り開いていくための挑戦を支えてくれたのです。

このような支えがなかったら、僕はきっと別の人生を歩んでいたと思います。進学校から大学に進み、会社員になり、やりたいことができない人生を過ごしていたことでしょう。

僕がコーチングによって誰かを支援する仕事を選んだのも、両親が僕を応援し、支援してくれたことへの感謝の思いが影響しているのかもしれません。

自分がやらなくてもいい仕事は選択肢から外す

やりたい仕事を探すことは、言い換えると、やりたくない仕事を選択肢から外すことといえます。「やりたいことがない」「見当たらない」という人は、視点を変えて、自分がやりたくないと思う仕事や、自分がやらなくてもいいと思う仕事を外すことから考え始めてもいいかもしれません。

例えば、僕はネット転売をやってみて「自分がやらなくてもいい」と感じました。

ネットで出品するためには、売れそうな商品を探し、写真の撮り方や出品する時期を工夫する必要があります。商品ごとの売れ方を分析し、どの商品を、いつ仕入れ、いつ売るかを考えるという細かな作業もしなければなりません。

もちろん、その仕事に楽しさを感じる人もいると思いますが、僕にはそれが楽しめませんでした。楽しくないので今いちやる気も出ませんし、よいアイデアも浮かびません。

そうして僕がパソコンの前でだらだらと過ごしている一方で、競合には「面白い商品を見つけたい」「個人商店として繁盛させたい」といった情熱を持って取り組んでいる人がたくさんいます。

彼らは間違いなく僕よりもうまく転売します。

自分よりもうまくできる人がたくさんいる業界で勝負しても勝ち目はありません。

そう思って、ネット転売は自分がやる仕事ではないと判断したのです。

僕はそうして、「僕には向いていない仕事」「僕がやらなくていい仕事」を、つぶしていきました。


では、そこからどうやって、コーチングに行きついたのか。

きっかけは、未来について思いを馳せたことでした。

これからの時代、ＡＩやロボットに代行できそうな仕事は、その担い手がどんどん機械にとって代わられていくでしょう。ですから、ロボットにできない仕事の価値が高くなっていきます。

実はこの考えが、すべての始まりでした。

ロボットは計算力と記憶力がずば抜けていますから、この領域で人間が勝つことは不可能だと思います。しかし、ロボットは情熱を持っていません。共感や信頼といった感情を持つこともできません。

過去の分析は得意ですが、未来を想像することができず、アイデアを出し、何かを創造することもできません。

コーチングは自分と相手とのコミュニケーションがあって成立する仕事で、その関係性を築くためには感性が必要です。

相手の目標に共感し、実現したい未来を想像し、夢の創造を支援します。
その夢を支援するパートナーとして相手に信頼される必要もあります。
そうした仕事こそ、人間である僕がやる価値のあるものだ。そう考えるようになりました。

情熱が想像と創造を生み出す

没頭できる仕事には情熱が持てます。情熱によって想像力がたくましくなり、創造する力も強くなります。

重要なのは、このようなサイクルを生み出せるかどうかだと思います。

僕が支援しているフリーランスの人たちを見ても、みんなそれなりに業績を伸ばしていきますが、**情熱がある人や、想像力と創造力がある人はその中でも頭一つ飛び抜けて伸びていきます。**

例えば、僕の塾に通っているフリーランスの一人はゲームの動画を配信する会員向けサービスをしています。

ひたすらゲームをクリアしていく動画ですから、ゲームに興味がない人は何が面白いのか分からないでしょう。

しかし、本人は楽しいから動画づくりに没頭し、視聴者に喜んでもらうためにあらゆる工夫や仕掛けを考えます。その情熱とアイデアは、見る側にも十分に伝わりました。有料会員は右肩上がりに増え、収益も増え続けています。

この領域にはロボットは踏み込めません。「ゲームが好き」「ゲームが好きな人に楽しんでもらいたい」という情熱があったからこそ、「こんな動画が喜ばれるだろう」という想像力と、「こんな仕掛けをしてみよう」という創造力が高まり、ロボットには真似できない事業を確立することができたのです。

彼と彼の事業の成長を見ていると、**やりたいことをやっている人ほど発想が豊かになり、脳が活性化するのだとよく分かります。**

大好きなゲームを仕事にしようと決めた時に、彼にはすでに愛されフリーランスへの道が開けていたともいえます。情熱を持って独り立ちした時点で、すでに成功が約束されていたように、僕には見えるのです。

性格分析で適性を調べてみる

たくさんの仕事を比較検討し、やってみる中で天職を見つけていくというのが、没頭できる仕事に出合うためのステップですが、**世の中のあらゆる仕事を試すことは当然できません。ある程度的を絞って、仕事を探す必要があります。**

的を絞る際の一つのヒントとなるのが、自らの性格です。

やってみたいと思える仕事でも、いざふたを開けてみると、「細かな作業が多い」「人と会う機会が多い」といったそれらの仕事の特徴が、自分の性格と合わないこともあります。逆に、あまり関心のなかった仕事が、実は性格的に向いていて、やってみたら面白く感じる場合もあります。

そのような適性を探るために、簡単な性格分析をしてみるとよいと思います。

僕はフリーランスになって何をしようかと考えていた時に、ウェルスダイナミクスという一般社団法人がつくっている無料のプロファイルテストで自分の性格を診断してみました。

これは自分の特性や課題などを性格面から診断するもので、コーチングの仕事にたどり着く一つのヒントにもなりました。

ウェルスダイナミクスの詳細はウェブサイトを見てもらうとして、**ここでは4つの要素に分けて自分の性格について考えてみます。**

4つの要素とは、「外向的」「内向的」「直感的」「五感的」です。

外向的な要素を持つ人は、いろんなことに情熱的に取り組める人で、社交性があるため、知らない人と新たな関係をつくり、付き合っていくことが得意です。

ウェルスダイナミクスの説明によると「誰に聞けばいいか」「誰を連れてくればいいか」といったことをよく考え、WHO（誰）を切り口に課題を乗り越えるタイプです。

内向的な要素を持つ人は、一つのことをやり遂げるまで取り組める人で、効率や論理性を考えながら細部にこだわって慎重に物事を進めます。「どうすればいいか」「どんな方法がいいか」といったことをよく考え、HOW（どうやって）を切り口に課題を乗り越えるタイプです。

直感的な要素を持つ人は、これだと思ったことにエネルギッシュに取り組める人で、未来を思い描きながら新しいことを始めるのが得意です。「何をすればいいか」「何ができるか」といったことをよく考え、WHAT（何）を切り口に課題を乗り越えるタイプです。

五感的な要素を持つ人は、調和を重視しながら物事に取り組める人で、自分の役割を意識しながらチームプレーで物事を進めます。「いつやるか」「どこでやるか」といったことをよく考え、ＷＨＥＮ（いつ）とＷＨＥＲＥ（どこで）を切り口に課題を乗り越えるタイプです。

このような大枠の要素から、人は８つの性格に分けられます。

これを診断するのが前述したプロファイルテストで、このテストを受けた僕は「サポーター」というプロファイルなのだと分かりました。

サポーターは、外向的と内向的の軸では外向的、直感的と五感的の軸では中間ぐらいに位置します。

性格的な特徴としては、社交的で、人間関係や信頼関係を築くことができ、関係を構築した人やチームに対しては強い忠誠心を持ちます。

また、チームやネットワークづくりを得意とする一方、数字や計算、事務作業は不得意です。

この結果を見て、僕は妙に納得しました。

性格的にコーチングのようなサポート職が向いていると分かったことも収穫ですが、それ以上によかったのは、過去に取り組んできたアフィリエイトやネット転売がうまくいかなかった理由が分かったことです。

アフィリエイトやネット転売は、稼ぐための方法や改善策をじっくり考える仕事です。外向と内向の軸で見ると内向的な要素が求められるため、社交性はあまり必要なく、ＨＯＷ（どうやって）を考えることが求められます。物事の細部にこだわり、完璧を求めて根気よく取り組む力なども求められます。

性格的な特徴としてそのような要素を持っていない僕が、この分野の仕事を楽しむのは難しかったのだ。そうした結論が得られたのです。

ウサギかカメか。自分のタイプを見極める

性格分析は、あくまで自分を知るための方法の一つに過ぎません。僕は基本的には疑り深い性格ですから、診断テストをやってみた時も「何かの参考になればいい」という程度の気持ちでした。しかし、僕がサポーターであるという診断結果は不気味なくらい当たっていると感じました。それまでは言語化できていなかった、漠然とした感情とその理由が、診断結果を通じて言語化され、明瞭になりました。

僕がこれまでやってきたことは、性格的な適性がまったく合っていなかったのだ。

その気づきから、性格的な適性に合う仕事を見つけるほうが成功率は高くなるだろうと思うようになりました。

現在コーチングで支援しているフリーランスの人たちを見ても、性格に合う仕事や性格に合った仕事の進め方をしている人は、ストレスがなく、仕事も人生も楽しんでいるように感じます。

例えば、前述した４つの要素のうち直感的か五感的かという軸で分けていうと、直感的な人は自分のアイデアがうまくいくと信じ、行動します。

ウサギとカメの寓話に当てはめるなら、ウサギタイプです。

このタイプの人には、直感に従いどんどん突き進みましょうとアドバイスします。

挑戦し、経験し、身をもって学習するのがこのタイプの人の長所ですから、失敗しても大丈夫、再挑戦できるから問題ないと伝えています。

この後押しを受けて、直感的なウサギタイプの人は急ピッチで事業を成長させます。

一方、五感的な人は周囲や自分が置かれている環境に目を配りながら、適切なタイミングを待ちます。

このタイプの人には、リスク管理の方法や周囲の状況を見定めるための情報収集の方法などを中心にアドバイスします。

洞察力があり、うまくいくタイミングを待てるのがこのタイプの人の長所ですので、焦らなくて大丈夫、確度を高めればうまくいくといったことも伝えています。

このようなアドバイスを活かして、五感的なカメタイプの人は着実に事業を成長させていくのです。

ここでもし最初から自分が、ウサギタイプかカメタイプか分かっていたとしたら、自分の選択に納得しながら進んでいけるはずです。逆に、自分の性格とは反対の道に進んでしまうと、ストレスがかかります。例えば、ウサギタイプにとってはうまくいくタイミングを待つ時間がストレスになるでしょうし、カメタイプが過度にリスクを受け入れると恐怖心が生まれます。

やはり自分に合うやり方やペースを知ることが大事で、そのためには自分自身と向き合い、客観的な視点で自分の性格を把握することが重要なのです。

過去から見えてくる自分の気質を知る

もっと簡単に自分の性格を知るには、自分の過去や日ごろの行動パターンなどを振り返り、性格を分析してみることです。

例えば僕は、好きなことには熱中しますが、興味がないことにはまったくやる気が起きません。音楽は好きで、強いこだわりを持っています。楽器の練習は中学生のころからずっと続けていましたし、ミュージシャンを目指すようになってからも自分が理想とする音楽には徹底してこだわりました。

そうして何かにハマりさえすれば、自然と人生をかけるくらいの意気込みで取り組めます。人の何倍も凝り、没頭しますから、人よりも秀でる確率は高くなります。

その反面、勉強への興味は高校生の時になくしました。大学受験の日が迫ってもほとんど教科書を開きませんでしたし、最終的には受験もしませんでした。興味のないことは、誰に何を言われてもやる気が起きない性格なのです。

性格というよりは気質に近い話かもしれませんが、僕は物心ついたころから平々凡々としている自分にコンプレックスを感じていました。

例えば、学校の成績はいつも平均以下でした。

ずば抜けて悪いわけではなく、中の下から下の上くらいをウロウロしていました。

そういう中途半端で凡人的なところが嫌だったのです。

このコンプレックスがある以上、僕は会社員には向かないと感じました。

なぜならきっと、会社員になっても優秀な成績は出せず、大金持ちにも貧乏にもならない平凡な一生を送り、それをずっと悔やむことが予想できたからです。

逆に、会社員の人が経験できないような特異な経験を楽しめるミュージシャンやフリーランスのような人生は向いていると思いました。平凡ではない人生を歩んでいるという実感により、それなりの満足感を得られるからです。

もちろん、平凡であることが悪いわけではありません。

波風が立ちにくく、安定している人生がよいと考える人がいるのは大いに理解できます。ただ、僕の場合はそうではなかった、ということです。

自分にはどういう人生が理想的で、どういう人生が苦痛か。

その点を掘り下げてみることも、自分の性格を知ることにつながり、自分に合う仕事を見つけるヒントになるはずです。

まずはお試しでリスクを抑える

感覚的、性格的に自分に向いていると思える仕事を見つけたら、さっそく挑戦してみるといいでしょう。

「フリーランスになって、新たな事業にチャレンジする」と聞くと、なんだかたいへんな労力と資金が必要になると思う人もいるでしょうが、そんなことはありません。まずは「お試し」で小さく始めてみてもいいのです。**スタート時にかかるお金、時間、労力をなるべく小さく抑えて、リスクが少ない状態からスタートするほうが、むしろいいと僕は考えています。**

例えば、ハード面でいうと、将来的にはオフィスを構えたり、人を雇い、広告や設備にお金をかけることになるでしょうが、それらに着手するのは安定して稼げるようになってからでも遅くはありません。

まずは無理のない範囲からスモールスタートし、手応えがあれば次第に事業を拡大する。そうした意識でいれば、やってみようと思った時にすぐに一歩目を踏み出すことができます。

どんな仕事を選ぶにせよ、うまくいくか、楽しいかどうかは、やってみなければ分かりません。

だからこそ「やってみよう」「試してみよう」と思った時に軽いフットワークで挑戦することが重要です。

ネットは自分の事業を試すのに最良の舞台

例えば、飲食店の開業を目指す場合、条件のよい場所や人材、店舗の改装資金といった初期コストがかかります。会計事務所をつくるなら、まずは資格取得のために、多くの時間を費やさねばなりません。その事業に人生を捧げる覚悟と、天職であるという確信がない限り、本書の読者にはおすすめしません。

スモールスタートしづらい仕事は、「初めてフリーランスになる人」向きではないのです。

愛されフリーランスになりたいのなら、まずはインターネットを使う事業や、ネット上でサービスが完結できる事業を試してみるのがいいでしょう。

オフィスや店舗を用意する必要がありませんし、運営にかかる固定費（ランニングコスト）に関しても基本的にはネットの通信費だけで収まりますので、スモールスタートにはうってつけです。

僕が過去に挑戦したアフィリエイトや転売もネット事業ですし、コーチングの仕事をスタートした当初も、ネット上で集客し、情報発信していました。

今はネットを経由して多様なサービスを提供できます。いつでも、どこでも、誰でもネットが使える今の環境は愛されフリーランスを目指す人にとって恵まれた環境ともいえます。

物販をやりたいならまずはネットで売る方法を模索し、コーチングやコンサルティングも、オンラインで行う方法を考えるなど、できる限りネットを駆使する事業モデルを考えるようにするといいでしょう。

再挑戦できる余裕を残す

スモールスタートすることで、ダメージコントロールを図ることもできます。

最初から大きく投資し、時間と労力のすべてを注ぎ込んでしまうと、当然失敗した時のダメージが大きくなります。「やっぱり向いていない」と気づいてしまった時にも、これまでかけてきた時間と資金を考えれば、きっと後戻りできなくなります。

しかし、小さくスタートしたなら、失敗した時のダメージが小さく収まります。すぐにそこから立ち直り、次に向かえます。

飲食店を1店舗出す時にかかる費用があれば、10万円でスタートできる仕事に数十回挑戦できます。こうして何度も挑戦できるということが、すなわち、成功の確率を上げることにつながるのです。

僕の場合も、アフィリエイトで失敗し、ネット転売で失敗し、そのほかにも何個か失敗を積み重ねて、ようやくコーチングにたどり着きました。

もちろん、失敗せずに1回でやりたいことを仕事にできるのが理想ですが、失敗を完全に避けることはできません。

重要なのは、失敗する可能性を受け入れながら、成功するまで諦めないことです。

何回目で「これだ」と思える仕事と出合えるか分かりません。

何回目だったとしても、結果的にその仕事にたどり着ければよく、それまでの失敗に耐えられればいいのです。

そのためにも、スモールスタートが重要なのです。

向いていなければ早々にやめて次を探す

自分に向いていない、この仕事はやりたくないと思った仕事をすばやく切り捨てて、次を探すことも大事です。

自分らしく稼ぐのが愛されフリーランスですから、やりたくない仕事をズルズル続けるのは本末転倒です。

僕の場合、先にも述べたように、アフィリエイトはまったく稼げず、しかも、やってみてまったく面白くありませんでした。そのため、すぐにその道を諦め、別の仕事を探しました。

ネット転売は、最初は友人などから不用品を集めて出品することからスタートしました。これは案外うまくいき、そこそこのお金になりました。

しかし、スタートした当初から出品作業が面倒に感じていました。なぜ面倒なのかというと、その仕事に熱がないからです。そのことに気づき、これもやめました。

アフィリエイトや転売がフリーランスに向かないということではありません。

実際、これらの仕事でフリーランスとして成功している人もいます。

ただし、稼げるかどうかは人によります。

「面白い」「楽しい」と感じる人なら、続けたいと思いますし、その過程でうまく稼ぐための方法を思いつくでしょう。

しかし僕はそうは感じませんでした。だから、早々にやめたのです。

この割り切りができていなかったら、僕はきっと時間を無駄にしていただろうと思います。

前述のとおり、世の中にはやってみなければ分からないことがありますので、食わず嫌いはしないほうがいいと思います。

しかし、やってみたことをずっと続けなければいけないわけではありません。**目安としては、2、3カ月やってみて、自分には合わない、面白くないと感じたら、捨てたほうがいいでしょう。スモールスタートは、そうして「潔く捨てる」うえでも有効です。**

世の中には星の数ほどの仕事があります。

合わない仕事は思い切って捨て、次の可能性を模索する勇気も必要なのです。

第3章　愛されフリーランスになるためのルール②

「やりたい仕事」をそのままやっても稼げない。社会のニーズに合わせて「稼げる仕事」に変化させる

社会のニーズを満たせれば事業になる

第2章で、「何を事業にするか」を見つける方法をお伝えしました。没頭でき、感覚的にも性格的にも合う仕事を見つけることが、愛されフリーランスになる最初のステップです。

しかし、その仕事で稼げなければ愛されフリーランスにはなれません。

そこで本章では、自らがやりたい仕事において、稼げる事業モデルをつくり、磨いていく方法について考えてみます。

「稼げる」という表現をすると、効率のよさや利益率の高さなどを思い浮かべる人が多いと思います。

確かに効率は大事です。利益率も高いほうがよく、その点にはのちほど触れます。

ただ、そのような仕組みや手法の部分を考える前に、まずは自分の選んだ仕事が社会のニーズを満たせるものであるかどうかを考える必要があります。

当たり前のことですが、どんな仕事でも、お金を払ってくれる人がいなければ事業として成立しません。世の中のニーズに応え、社会の役に立つことができて初めて、対価が発生します。「稼ぎたい」という思いが先行してしまうと、お金のことばかりに目が行き、果たしてその仕事が社会に求められているものなのかどうかという点を見失いがちです。

また、**お金が目的になると、「お金のために我慢する」「稼ぐために嫌な仕事を引き受ける」という自分を容認してしまいます。その結果、いつしか愛されフリーランスが目指す「自分らしく」働くことができなくなり、仕事そのものがつまらなくなってしまうでしょう。**お金というのは、せっかくフリーランスになることで得た自由を阻害する呪縛にもなるものなのです。

世のため、人のためになる仕事をする喜びは、計り知れません。自分の仕事で人が喜んでくれると、さらにやる気が出て、自然に努力できるようになります。

このようなよいサイクルを生み出すためにも、社会のニーズを満たせる仕事かどうかが重要になります。

社会のニーズは消費者の意見から探る

何を事業にするか見つけたら、まずはその事業に社会のニーズがあるかどうかを調べてみるとよいでしょう。

その際のポイントは、**できるだけ消費者個人の本音や生の声を聞くことです。**

流行り廃りなどは、ニュースやメディアを見ているだけでもなんとなくつかめます。晩婚化、シェアリング、ＡＩなど、ニュースのキーワードを追っていくだけでも、世の中がどんなことに注目しているかが見えてきます。

しかし、そのような情報は抽象的で、ニーズの表面だけを取り上げている場合がほとんどです。世の中全体の流れをざっくりとつかむうえでは役に立ちますが、社会に潜むニーズをすくい上げるには、もっと具体的な情報に耳を傾ける必要があるのです。

その具体的な情報は、商品やサービスにお金を払う消費者が持っています。

友人や知人も消費者ですし、家族や自分自身も消費者ですから、彼らや自分が「こんなものがほしい」「こんなサービスがあったらいいな」と感じていることが、実際の商品やサービスになる可能性を秘めています。

例えば、友人との会話で「習い事が続かない」といった話を聞いたとします。これを他愛のない日常会話ととらえれば「分かる分かる」「そうだよね」で終わってしまいますが、友人が消費者であるという意識を頭の片隅に持っておくと「続かない」という課題や「続けたい」というニーズが見えてきます。

そのニーズに応えることで、ライザップのようなマンツーマンのサービスが生まれました。「家に要らないものがある」「処分に困る」といった悩みについても、そのニーズに応えたのが、ブックオフでありメルカリです。

多くの人が感じ、自分も共感できるような普遍的な悩みを解決できるなら、そこに大きなビジネスチャンスがあります。**共感者が多いということはニーズが大きいということですから、事業にすることによってたくさんの人の役に立ち、稼げる可能性も大きくなるでしょう。**

社会のニーズを満たす事業のヒントは身近なところにあるものなのです。

事業のアイデアを聞いてもらう

すでに「こんな仕事をやろうと思う」「こんなことをやってみたい」といったアイデアがあるなら、そのアイデアを友人などに話し、感想を聞いてみるとよいと思います。

この場合も共感がポイントで、「面白そうだ」という人が多ければ多いほどチャンスは大きくなりますし、**「お金を払ってでも利用したい」という人がいれば可能性がますます広がります。**

少数の人の意見を、世の中全体の意見ととらえるのは早計ですが、「面白そうだ」「利用したい」という人が実際にいるなら、世の中にも同じように感じる人がおそらくたくさんいます。

社会のニーズを知るために、僕は見込み客数人と一緒にお酒を飲む場を設け、そこでリサーチすることを推奨しています。

人数の目安としては、3~4人がおすすめです。

一対一だと相手が気を遣って本音を言ってくれないことがあります。リサーチする側としても、一対一で話す相手が「面白そう」と言ってくれた時よりも、少人数で話し、別の人も共感してくれた時のほうが事業のアイデアに自信が持てるでしょう。

かといって大人数だと多数決の雰囲気が生まれやすくなり、少数派の人が貴重な意見を言いづらくなることがあります。

ですから、誰かの意見に別の人が賛同し、話が盛り上がりやすい3~4人くらいの会がちょうどいいのです。

こうした場で最も注意深く耳を傾けるべきは、事業計画として足りない点や改善点を指摘する意見です。「もっとこうすればいいのに」「こうしたらよくなる」という話が出たら、聞き流してはいけません。

事業のアイデアを一人で練っていると、事業計画が独りよがりになりがちです。「よいアイデアだ」「成功するはず」という気持ちが盛り上がれば盛り上がるほどよい点しか見えなくなるため、**客観的な視点から抜け穴などを指摘してもらうことが大事なのです。**

わがままや愚痴に聞こえたとしても、そのような意見を出してくれるのであれば、お酒や食事をごちそうしても十分過ぎるほどの価値があります。世の中にある商品やサービスのほとんどは、消費者の「こうしてほしい」というわがままに応えたり「ここが不満」といった愚痴を解消したりすることによって支持されているからです。

わがままや愚痴は消費者の本音であり、市場はそのような本音の集合体として成り立っているといってもよいと思います。

もちろん、わがままをすべて聞き入れることはできません。

しかし、一部分でも対応できれば事業として成功する可能性が大きくなります。

現時点では対応できないことでも、いずれ対応する将来的な課題と位置付けて、取り組んでいくこともできます。

不満やわがままがサービス改善のヒントになる

社会のニーズをヒアリングすることは、事業を立ち上げる時だけでなく、事業を始めたあと、その事業をブラッシュアップしていく時にも重要です。

そのためのヒアリングの相手は、できれば見込み客を選ぶのがよいでしょう。

見込み客が現状として見込みにとどまっているのは、「こういう商品なら買いたい」「こんなサービスなら使ってみたい」と思っている部分が解消できていないからです。

それがなんなのかを聞き出し、実現できれば、新たな顧客になり、売上アップにつながります。

既存の顧客に対しても、ヒアリングをするのが大切です。既存の顧客は見込み客と比べると商品やサービスを高く評価してくれています。ひとまず現時点では「お金を払ってもよい」「お金を払う価値がある」と感じる程度には満足してくれているはずです。

しかし、**本当はもっと期待していることがあるかもしれません。「こうしてくれればもっと使いたい」「この点が改善されればもっと高くてもよい」と思っている可能性もあります。**ヒアリングを通じてそのような意見を教えてもらうことで、リピーターが増え、客単価（一人当たりの支払額の平均）は上がりやすくなります。

いずれの場合も、前述したような少人数の会を開いてヒアリングするのがよいと思います。

すでにフリーランスとして活動している人は顧客のリストがあると思いますので、直接的なヒアリングだけでなく、より多くの人を対象にアンケートなどによって意見を聞くこともできます。その場合も、**重要なのは顧客が不満に感じていることや、改善してほしいと思っていること、わがま**

まや愚痴に聞こえるような意見を聞くことです。

皆さんも、商品を買ったりセミナーに参加したりすると、アンケートに回答することがあると思います。それらのアンケートの大半は、「役に立ちましたか」「面白かったですか」「どこがよかったですか」など、プラス面の評価だけを聞くようなものです。

このようなアンケートは、商品やサービスの強みを確認するという点では多少は役に立ちますが、改善にはつながりません。満足した点を聞いても本当のニーズは見えてこないのです。

本当のニーズは、もしかしたら顧客自身も気づいていないことかもしれず、そのモヤモヤが不満やわがままや愚痴といった形で現れます。

そこを聞き出し、解決策を考え、自身の商品やサービスに反映させていくことが大事なのです。

競合やライバルからヒントを得る

立ち上げた事業をブラッシュアップする方法として、同業の先駆者からヒントをもらうというのも有効です。

例えば僕はマーケティング、集客、売上アップなどをテーマとするセミナーをしていますので、同じようなテーマのセミナーなどに積極的に参加しています。同業者のセミナーなどに通うために今でも年間2000万円近いお金を使っています。数百万円かかるセミナーでも、何か面白いことが聞けそうだと感じたら躊躇なく参加します。

「使い過ぎ」と感じる人もいるでしょう。「もったいない」と思う人もいるはずです。

しかし僕は、それは必要経費だと思っています。

事業に役立つ意見や感想は、お金を払ってでもほしい貴重な情報です。

僕が同業者のセミナーに参加するのは、ほかのセミナー参加者から課題に感じていることやニーズを聞くことができるからです。

セミナー主催者と僕は狭義の意味ではライバルで、セミナー参加者は共通の見込み客といえます。そのため、セミナー参加者がセミナーを聞き、「ここがもの足りなかった」「この話をもっと聞きたかった」といった感想を持ったとすれば、それを僕自身の事業に活かすことによって参加者のニーズを満たすことができます。

僕自身もマーケティングなどの分野に興味を持っていますから、個人の感想として「あの話をもっと深掘りしたい」と感じれば、その体験が事業をブラッシュアップするヒントになります。

現場に足しげく通うことにより、ニュースやメディア経由ではつかめない情報、顧客の生の声が手に入るのです。

また、同業者のセミナーは一人の参加者として客観的に聞くことができます。お金を払っている消費者目線で「もっとこうしたらいいのに」と感じることもあります。その点を自分の事業と照らし合わせて、中身ややり方を振り返ることもあります。

このような感覚は、自らの事業に関してはなかなか持ちにくいものですし、苦情を言う人が少ない環境で事業をしていると、「自分はうまくいっている」と思い込んでしまいます。

フリーランスで失敗する人は、事業計画の甘さや経済環境などが原因であることも多いのですが、「自分の顧客たちは満足している」「このままでいい」といった独りよがりな思い込みによって自ら事業を劣化させていることも多いのです。

それを避けるためにも、同業者を知ることは大事です。

人気がある高価格帯のセミナーほど学べることは増えますし、顧客の質もよくなるため、より有効な意見を聞くこともできると思います。じっとしていても顧客の本音は聞こえてきません。行動あるのみです。

ゼロイチはあえて狙わない

稼げる事業モデルをつくるための２つ目のポイントは、「成功例を踏まえる」ことです。その前提として、皆さんには「**ゼロイチ（何もないところから立ち上げる事業）をあえて狙わない」ということを心がけておいてほしいと思います。**

新しく事業を始めようとしている人にとって、最もかっこよく、最もリターンが大きいのは、世の中に存在しないまったく新しい仕事を生み出すことだと思います。

皆さんの中には、フリーランスとして独立し、ゆくゆくはビル・ゲイツやジェフ・ベゾスやイーロン・マスクのような存在になることに憧れる人もいるかもしれません。国内に絞っても、大手と呼ばれる名だたる企業がフリーランスに近い小さな事業からスタートしているケースはたくさんあります。

ただ、**夢がないことを言うようですが、ゲイツやベゾスのような大成功を収められる可能性は十万分の一もないでしょう。**

革新的なアイデアを練り、ゼロから何かを生み出すゼロイチのビジネスは、それくらい難易度が高いものなのです。

ただし、必ずゼロイチで事業を興さねば成功できないわけではありません。

例えば、僕はコーチングという仕事でフリーランスになりました。

コーチングは僕が考えたわけではなく、僕がフリーランスになる前から存在していた仕事です。

すでに世の中にある仕事だとしても、やり方次第で、自分らしく稼ぐことは十分にできます。

仮に将来的に世の中を変えるくらい壮大な事業をやりたいと思っていたとしても、**まずは愛されフリーランスとなって、お金、時間、人脈などの余裕をつくってから取り組んでも遅くないと思います。**

これらがそろってからのほうが、壮大な事業に挑戦する余裕ができますし、成功率も高くなります。

千里の道も一歩から。どんなに壮大な目標があったとしても、まずはこれからスタートしようとしている事業が現実的か、実際に成り立つかという視点を持つことが大切です。

成功例を探して道筋を立てる

事業を考えるにあたっては、自分が挑戦したい事業をすでに手掛けている人や業界で成功している人を参考にするのが近道です。

成功者という前例があるわけですから、ゼロイチで事業を興すよりもはるかに現実味があります。

成功者を見れば、成功した方法もある程度までは分かりますので、その方法を真似することができます。

例えば、コーチングでフリーランスを目指す場合、僕がやっていることや、これまでやってきたことを細かく真似ていけば、理論上は**年商6億円**くらいの成果が狙えます。

この業界にはさらにたくさん稼いでいる人がいますし、時間と人付き合いの自由を手に入れ、楽しく生きている人もいますので、そのような人を見つけ、事業の内容や事業モデルを真似することもできるでしょう。

成功する方法は無限にありますが、わざわざ難しいことをする必要はありません。

成功者が成功への近道を示してくれているわけですから、その道をたどるほうが成功率が高く、確実性も高いと思うのです。

受動的な姿勢で自然に入ってくる情報を見るだけでは表面的なことしか分かりません。**稼げるかどうかを考えるためには、自分から情報を探しにいくことが大事です。**

どの業界にも、稼いでいる人はいるものです。自由に楽しく働いている人もいます。

そういう人たちの存在は、普通に暮らしているとなかなか分かりませんが、少し調べれば見つかります。その人のセミナーを聞きに行ったりすれば、誰向けに、どんな仕事をして稼いでいるのかが見えてきます。

そのような例をたくさん探してほしいと思います。

やりたい仕事や興味がある分野を深掘りすれば、事業のつくり方が分かり、何をすればよいかが見えてきます。

字を覚える時に手本を見るのと同じで、事業もまずは手本を見つけ、真似することが基本です。

売れている本質は何かに目を向ける

成功例を参考にする際には、事業がうまくいっている本質的な要因に目を向けるようにしましょう。本質的な要因とは、トレンドに乗って成功している部分ではなく、市場の普遍的なニーズをつかんでいる部分です。

例えば、僕が支援しているフリーランスの人の中に、婚活者向けのアドバイスを提供している人がいます。通称、「モテコンサル」という仕事です。

この仕事がうまくいっている背景には、晩婚化というトレンドが背景にあります。

ただ、それは表面的な要因です。

この事業がうまくいっている本質的な要因は、**結婚したい、恋愛したい、モテたいといった普遍的なニーズが世の中にあるからだと思います。**

楽しく恋愛したい、幸せな結婚をしたいと思う人は常にいます。

そのような気持ちに応えられる仕事は、景気や時代背景を問わず求められますし、一時的なトレンドに流されることもなく、長く続けやすい仕事です。

市場の普遍的なニーズには、衣食住や、恋愛、結婚、仕事、子育て、家計、健康に関するものなども挙げられますから、そのあたりから事業のヒントを得るとよいかもしれません。

前述のゲームの動画配信をしている人についても、表面的にはニコニコ動画やＹｏｕＴｕｂｅが流行っていることが成功要因に見えます。

しかし、本質的な要因は別のところにあります。

人は楽しそうにしている人を見ると「混ぜてほしい」「仲間に入れてほしい」と思うものです。

価値観が多様化しているからこそ、自分と好みが似ている人や共通の趣味を持つ人とつながりをつくりたいという思いも強くなります。

そのような気持ちをつなぐ手段の一つが、ゲームなのです。

その人は動画配信だけでなく、動画を観る会員を対象にしてイベントなども開いてコミュニティをつくっています。ゲームの動画配信は単なる動画配信という枠を超えて、価値観が近い人たちが集まれるプラットフォームとして機能しています。

僕が手がけるコーチングも「仕事」という普遍的なテーマに関わるジャンルで、会社員からフリーランスになりたい、愛されフリーランスとして自由に働きたいという人から評価してもらっています。

評価が得られているのは、収入が増える、事業が安定するといった効果の面もありますが、メルマガ登録者やセミナーに通ってくれる人の「自分らしく働きたい」「自由になりたい」という気持ちに応えていることが本質にあるからだと思います。

本質をとらえている仕事は景気の変動に影響されにくいものです。そして、長続きすることによって実績が蓄積され、根強いニーズがある場所でさらに新たな価値を生み出す力がつくため、さらに稼ぎやすくなります。

売れている手法を取り入れる

本質が見えたら、次に売れるための手法に目を向けてみましょう。

本質をとらえている事業は、需要が安定しています。

そのうえで成功例の手法を取り入れることにより、収益を効率よく増やせるようになります。

例えば、スポーツジムは昔からありましたが、その中でも急激に頭角を現したのがライザップです。

スポーツジムには「健康になりたい」「運動不足をどうにかしたい」といった普遍的なニーズに応えられるという特徴があります。

これが事業の本質の部分です。

では、ライザップがほかのスポーツジムよりも高く評価されたのはなぜなのでしょうか。

それは、マンツーマン指導を取り入れたからです。

これが手法であり、**この手法を編み出したことによって「手厚く支援してもらわないと続かない」という課題に応えたわけです。**

ライザップを参考にして事業モデルを考えていくなら、自分がやりたい事業にもマンツーマンで支援する方法を取り入れることができるかもしれません。マンツーマン支援に必要なコミュニケーション力、指導力、粘り強さなどが自分の能力として蓄積されていれば、それが自分の仕事の強みになり、競合との差別化にもつながるでしょう。

モテコンサルを例にすると、婚活でモテるためのテクニックなどは、従来は雑誌などマスメディアを参考にしたり、結婚相談所などのセミナーなどに通ったりして習得するのが一般的でした。

しかし、結婚や恋愛は個々の性格、好み、条件、家庭環境などが大きく影響しますので、一対複数の方法で学ぶ普遍的なノウハウではどうしても限界があります。

そもそも自分にどんな魅力があり、その魅力が婚活市場でどのように評価されるのかを知るためには、よりパーソナルな支援が必要となる。だから、モテコンサルというマンツーマン支援の事業に需要が集まるわけです。

僕が支援しているフリーランスの人の中には、世界のレアな旅行スポットを紹介するフリーランスの添乗員をしている人もいます。

パッケージ化された旅行ではなく、観光地やツアーではなかなか行くことができない珍しいところなどを行き先として、現地へのアクセスと現地でのガイドを行う仕事です。

これもマンツーマン支援を取り入れた事業といえるでしょう。

僕が行っているコーチングも、最初はセミナーなどを通じて一対複数で支援していましたが、今はマンツーマン支援もしています。

「もしかしたら一対複数では満足できていないのではないか」「細かな個別指導を求める人がいるのではないか」と考えて、既存のセミナーなどとは別にオーダーメイド型の支援もするようになったのです。

一般的なコーチングのサービスは、セミナーなどで基本やノウハウを伝え、そのあとの成長はほぼ参加者に任せます。成長する人がいればつまずく人もいて、そこは参加者側の自己責任とする学校の授業のような仕組みです。

僕はそこにマンツーマンの要素を取り入れました。

学校の授業型ではなく家庭教師のような仕組みを取り入れて、積極的にしつこく支援することにしたのです。

その結果、ライザップに通っている人がしっかりダイエット効果を得られているように、僕のコーチングを受けている人たちにも成果が出るようになりました。

その成果が口コミを生んで、事業として大きく成長していくことにつながったのです。

特別難しいことをやったわけではありません。

本質を押さえつつ、別の手法も取り込む。極めてシンプルな方法です。

在庫が要らない事業モデルを考える

稼げる事業モデルをつくる3つ目のポイントは「リスクを抑える」ことです。

最初からリスクなく安定して稼げるような仕事は、まずないと考えておくべきです。

それでも、リスクをなるべく小さくする方法はあります。

まず、**できる限り在庫を持たないようにすることです。**

在庫を抱えてしまうと、それが不良品や欠陥品であったり、賞味期限切れや流行遅れになったりすると、売れる見込みがない不良在庫と化します。

不良在庫化すれば、仕入れにかかったお金は当然無駄になり、保管しておく場所代や管理代などでさらなるマイナスを生みます。

在庫を必要とする事業は、基本的には商品を仕入れ、販売するサイクルを回すことによって利益が出ます。そのため、在庫の一部が不良在庫になると、次の仕入れに使える現金が減り、仕入れと販売のサイクルも滞ります。

この状態から抜け出すには仕入れ代金を捨てるつもりで在庫を叩き売るか、捨てるしかありません。これを何度か繰り返すと運転資金がなくなり、事業が立ち行かなくなります。

これでは、愛されフリーランスになるどころか、フリーランス自体をやめざるを得なくなってしまいます。

そもそも在庫ありの事業をするためには、最初からある程度の在庫を仕入れる必要があります。在庫を持って行う事業は、運転資金に余裕がある人や企業向きで、小資金でスタートするフリーランスには不向きです。

在庫を持たない仕事としては、コーチングやコンサルティングのようなコミュニケーション職、セラピスト、ライター、ウェブデザイナーのような技術職、トレーナーや学習塾など教育分野の仕事が考えられます。

まずはそのような仕事に目を向けて、低リスクで運営できる仕事から検討してみることが大事だと思います。

定期収入で精神的なストレスを減らす

定期的な収入を確保する努力もリスクを抑えることにつながります。

フリーランスの収入は100万円の月があればゼロ円になる月もあるなど、乱高下しがちです。月収ゼロ円は非常に過酷です。ゼロ円まで落ちなかったとしても、数万円しか稼げない月が続くと一気にピンチに陥ります。そして今月の収入がゼロ円だったとしたら、「翌月もその次の月もゼロ円が続くのではないか」という不安が生まれます。

ここで、なんとか稼がなければと割に合わない仕事を引き受けてしまったり、嫌な人との仕事を引き受けてしまったりすれば、愛されフリーランスへの道は遠のいてしまいます。

精神力が強く、「来月は100万円稼げるはず」と思い込める人は、思い込む根拠さえ明確ならおそらく大丈夫です。しかし、収入が増減することに免疫がない人は精神的につぶれてしまったり、フリーランスをやめてしまったりすることになるでしょう。

それを避けるためには、会社員の基本給のようなものをつくる感覚で、定期的な収入源をつくる努力をするのがよいと思います。

例えば、メルマガやサロンなどを使って月々の会員費を得るのもいいですし、毎月仕事が来るお得意さまをつくることを目指してもいいでしょう。

前述したゲームの動画配信で稼いでいる人は月額５００円の有料会員を確保し、それが基本給代わりになっています。月５００円で会員が１０００人ほどいますので、それだけで月収50万円です。

そこまでは届かなかったとしても、**月収10万円くらいなら十分つくれる可能性があります。月１００円の会員を１０００人集めるにはどうすればよいか、月３万円もらえるお得意さまを３件つくるにはどうすべきか、**それを考えればよいわけです。

利益率が高いほどダメージも小さい

利益率が高い仕事を選ぶのも、リスクを抑えるのに有効です。

事業として安定させていくうえで利益が重要なのは誰もが分かっていることだろうと思います。

そして、利益について考える時、ほとんどの人が利益率ではなく利益額を考えます。

利益率と利益額

【売値1000円・原価900円の商品で月100万円稼ぐ】

売値1000円－原価900円＝利益100円

➡月100万円稼ぐには1万個売ることが必要

➡仕入れコスト　900円×1万個＝900万円

【売値1000円・原価500円の商品で月50万円稼ぐ】

売値1000円－原価500円＝利益500円

➡月50万円稼ぐには1000個売ることが必要

➡仕入れコスト　500円×1000個＝50万円

月１００万円の利益を生み出す商品を売る仕事のほうが、月50万円の利益を生み出す商品を売る仕事よりもすごいと考えるのは、利益の額を重視する分かりやすいパターンです。

ただし、そこには落とし穴があります。

例えば、売値１０００円、原価が９００円の商品で月１００万円稼ぐとしましょう。

一個あたりの利益は１００円ですから、月１００万円稼ぐためには1万個売る必要があります。月２万個売れば２００万円、３万個売れば３００万円の利益が生まれる計算です。

しかし、**資本力や規模が小さい個人にそのような事業展開ができるかどうか。**

原価が９００円の商品を1万個仕入れるコストは９００万円です。これが2万個になれば１８００万円、

3万個になれば2700万円と膨れ上がります。

こうして動くお金が高額になれば、愛されフリーランスを目指すうえでは、かなりハイリスクな状態になります。数千万円もの資金が準備できたとしても、売れなかった時に大量の不良在庫を抱えることになるからです。

では、売値1000円、原価500円で月50万円の利益を出す場合はどうでしょうか。1個あたりの利益は500円と、原価900円の商品の5倍です。

そのため、月1000個売れれば月50万円の利益になります。販売数で比べると原価900円の商品の10分の1で済みますし、1万個売れた時の利益は、原価900円の商品が前述のとおり100万円であるのに対し、原価500円の商品は500万円にもなります。

また、仕入れ値で比較しても、原価900円の商品で月100万円稼ぐためには900万円の仕入れコストがかかります。一方、原価500円の商品は1000個売れればよいわけですから、50万円稼ぐための仕入れ値は50万円で済みます。

仕入れた商品が不良在庫化した場合の損失も、原価が安いほど小さくなります。1万個仕入れた時の損失は原価900円の場合は最大900万円ですが、原価500円の場合は最大500万円です。

すなわち、**原価が安く、利益率が高い事業のほうが、より低リスクで、続けやすい事業であるといえます。**

自分が持つ知識や技術を棚卸ししてみる

では、利益率が高い仕事にはどんなものがあるのでしょうか。

利益率は、売値と原価の差が大きいほど高くなりますので、商品やサービスが高く売れる仕事や、資格、知識、技術などを売る仕事のほうが利益率が高いといえます。

高く売る方法については、価格設定の話と絡めて次章で掘り下げるとして、まずは原価がほぼかからない仕事に目を向けてみましょう。

例えば、僕が支援するフリーランスの人たちを見ると、成功している人が多い分野は、コーチング、コンサルタント、セラピスト、カウンセラー、ライター、デザイナーなどです。

これらの仕事は、ほとんど原価をかけずにたくさんの人に売ることができます。

コンサルタントを例にすると、婚活者を支援するモテコンサルは、相手の心をつかむ心理学をベースにアドバイスをします。その知識を学ぶためにはある程度のお金がかかりますが、一度知識が習得できれば、そのあとは習得した知識を踏まえてアドバイスすればいいので、在庫を持つ必要もなく、運転資金は少なくてすみます。**知識の習得にかかったコストだけが回収できれば、利益率**

１００％に近い状態になるのです。

資格が必要な仕事も同じで、資格を取る時にはお金がかかりますが、取ってしまえば追加のコストはほぼかかりません。

愛されフリーランスを目指すのであれば、自分がすでに取得している資格、持っている知識、技術を整理してみると、稼げる仕事の分野が見えてくるかもしれません。

利益は仕入れと売値の差であり、資格を取得することや、知識や技術を身につけることも仕入れの一種ととらえれば、資格を持っている人や、専門性がある知識や技術を持っている人は、すでに仕入れが済んでいる状態といえます。

商品と違って目には見えませんが、商品やサービスとして売れる能力が、自分の脳や手に在庫としてあるようなものです。

その価値を確認するためにも、会社員生活の中で自分が何を身につけ、何を習得したか一度棚卸ししてみるとよいと思います。

能力の価値は市場側から見る

自分がどんな能力を持っているかを整理する際に重要なのは、自分が持っている能力が「たいし**た能力ではない」「フリーランスの仕事では使えない」などといった先入観を持たないことです。**

自分ではたいした能力だとは思っていないことが、市場では意外に高く評価されたり、たくさんの人に求められていたりするものです。

僕のケースを例にすると、コールセンターの仕事はつまらなく感じていましたし、オペレーターとして日常的に行っていた業務にもたいして価値を感じていませんでした。

ところが「フリーランスとして何ができるだろうか」「自分にできることはなんだろうか」と能力の棚卸しをしたところ、相手が分からないことを分かりやすく説明すること、どこが分からないのか聞き出すこと、丁寧に接することなどは、コールセンターの仕事でいつの間にか習得していた技術でした。そしてそれを生かせるコーチングの仕事と出合いました。

こうして知らず知らずのうちに身についていたことが、結果として愛されフリーランスの仕事で活きる場合があります。そのような可能性を見逃さないようにするためにも、「たいした能力ではない」と切り捨てないでほしいと思います。

自分の能力について評価する際にもう一つ重要なのは、能力の価値を市場側から見ることです。すでに説明したとおり、事業として成立するかどうかを決めるのは市場です。

それと同様に、能力の価値も市場側から見てみましょう。

「自分には能力がない」「成功できる素地がない」と思い込んでしまうのは自分側から見た評価です。その評価はあまり意味がなく、重要なのは市場がどう評価するかなのです。

多様化する世の中のニーズをとらえる

僕もかつては自分側の目線しか持っていませんでした。

フリーランスを目指す前、**就職相談をした面談の担当者に「君には社会人として必要な3つの要素が全部ない」と言われたことがあります。**

3つの要素とは、学歴、資格、職歴のことで、どれも持っていない当時の僕には「過酷な力仕事か、脱落率が高い完全歩合制の営業くらいしかない」と指摘されたのです。

当時はかなりショックを受けました。

ミュージシャンとして成功する道が拓けず、社会人として稼ぐ道が閉ざされ、八方塞がりになったと感じました。

実際、学歴はありません。資格も持っていませんし、職歴はアルバイトを転々とした程度です。ただ、今になって思うのですが、**それは結局、自分側の視点から見た評価でした。市場側から見ると、たしかに学歴、資格、職歴を求める職場もありますが、世の中のニーズはさまざまです。**

延々とゲームをする動画を観たいという人や、婚活でモテるためのアドバイスを求める人がいるように、僕の場合は、難しいと思われがちなマーケティングや経営理論などを分かりやすく知りたいというニーズがありました。

重要なのは、市場、社会、世の中が何を求め、どんなことに困っているのかを見ることです。自分の能力についても、主観的に見るのではなく、市場側から客観的に見ます。するとそれまで気づかなかった自分の能力の価値に気づくことができます。それが稼げる事業モデルをつくる重要な軸になるのです。

第4章

愛されフリーランスになるためのルール③

モデリングからイノベーションへ。
仕事の質と独自性を高めてファンを増やす

収益が頭打ちになるまでモデリングする

駆け出しのフリーランスから、愛されフリーランスへ。その道筋を示すのが本章のテーマです。

安定的に稼げる見通しがついたら、次は収益を拡大させていきましょう。

第3章で述べたように、愛されフリーランスになるまでの近道は、その分野で成功している人を真似することです。

スタートは成功者の事業モデルのモデリング（真似をすること）で構いません。徹底的に真似して成果を出しましょう。必要に応じて「真似していいですか」と許可を取ったり、真似する対価としてお金を払ってもいいでしょう。それくらいのコストをかけてでも、まずは安定して稼げるようになるところまでこぎつけることが重要です。

問題は、その先の展開です。

誰かを真似するモデリングの最高点は、見本としている成功者です。

モデリングの対象者を超えていくためには、モデリングを卒業し、自分の得意分野や能力を活かしながら独自性を打ち出していくことが求められます。

では、いつ、どうなった時にモデリングを〝卒業〟すればいいのでしょうか。

僕が考える卒業の基準は、収益が頭打ちになった時です。

頭打ちになる金額は業種や業界によって変わります。

コーチングの場合は、僕の経験を踏まえると、売上で月平均100万円くらい、年商にして1000万円くらいが頭打ちラインの目安だと思います。言い方を変えると、誰かを真似するだけのシンプルなモデリング戦略でも、会社員の平均的な収入を超えるくらいまではいけるということです。

まずはモデリングを徹底して収益を伸ばす中で、「いつか頭打ちになる」ということを念頭に置き、自分の強みは何か、競合にない特徴はどんなことかといった独自性を追求していきましょう。

売れている人に「ないもの」は何かを探す

独自性を追求する際も、その分野で成功している人たちに目を向けることが大事です。

というのも、**独自性は他者との比較から生まれますので、まずは他者を知らないと自分のどんなところが、どのように独自性があるのか分からないからです。**

ウェブデザイナーを例にすると、すでに成功しているデザイナーを見つけ、どんな人を顧客にし、どんな仕事をしているか、どうやって集客し、価格はいくらに設定しているかなどを徹底的に分析するのがモデリングです。

その次のステップでは、**成功している人たちができていないことや、やっていないことを見つけます。その部分にこそ独自性のタネがあり、モデリングに頼らない成長を生み出すヒントがあるはずです。**

ある成功しているウェブデザイナーは、ウェブサイトのデザイン制作はしますが、サイトを通じた集客術やＳＥＯ対策などには未着手でした。しかし自分なら、サイトを通じた集客術やＳＥＯ対策を提供できる。そうしたことから、差別化を図ることが可能になるのです。

顧客層に関しても、成功している人たちが企業向けの仕事を中心としているなら、自分は個人や小規模な事業者向けの仕事ができるかどうかを検討してみます。

成功者がやっていることをモデリングし、さらに、成功者がやっていないことを取り入れることで、自分の事業の価値が高まり、成功者の事業よりも優れたものに進化させることができるのです。

僕自身、今の事業モデルに至る過程では、競合がどんな事業をしているのかを知ることが大事だと考え、事業内容などを細かく調べました。

その取り組みは今も続けていて、前述のとおりほかの人のコーチングやマーケティングのセミナーなどに参加して、どんなことを、どんなふうに教えているのか見に行きます。

そのようなリサーチの中で、競合が持っていないもの、やっていないことを探し出し、自分の事業を補強するヒントにしているのです。

また、**競合との比較から独自性を探す際には、事業の根幹に関する部分だけではなく、プラスアルファで何ができるかという視点を持つことも大事です。**

例えばコーチングのスキルがある人がコーチングのセミナーができるのは当たり前。デザイナーがデザインをできるのも当たり前です。そこはできて当然の領域で、十分な知識や技術を持っていることが求められますし、知識や技術を習得するための努力も不可欠です。そしてこの領域は、モデリングでカバーできます。

独自性は、その領域の周辺にあるサービスから生み出します。

例えば競合が一対複数のコーチングをしているなら、自分は一対一のサービスができるかもしれません。

競合がウェブサイトを制作して稼いでいるなら、自分はサイトの保守や管理の部分でサービスをつくったり、サイトのつくり方や運用方法などを教えたりするサービスができるかもしれません。

モデリングの段階から独自性の段階に進むということは、競合とは違うことを勉強するということ

とでもあるのです。

自分らしく活動できるポジションを探す

独自性を持つことや、独自性によって市場内で存在感を発揮していけばいくほど、事業は安定しやすくなり、収益も増えやすくなります。

この考え方をマーケティングでは「ポジショニング」といいます。

ポジショニングは、重要なマーケティング理論の一つである「ＳＴＰ分析」の３つ目にあたる項目です。紹介しておきましょう。

【STP分析】

1：セグメンテーション（Segmentation）

見込み客を属性やライフスタイルなどさまざまな切り口で分類する。

2：ターゲティング（Targeting）

複数のセグメントの中から自分が優位性を発揮しやすいセグメントをメイン顧客に設定する。

3：ポジショニング（Positioning）

ターゲットにした顧客が何を求めているか深掘りし、評価されるポジションを探す。**ポジショニングのゴールは、顧客に「この商品といえばこの会社」「このサービスならこの人」と認知してもらうことです。**

例えば「ネットで買うならアマゾン」とか「安い洋服ならユニクロ」などがポジショニングの成功例といえるでしょう。

このような認知が定着すると、顧客は「ネットで買い物をしよう」と思った時にすぐにアマゾンのサイトにアクセスします。「洋服を安く買いたい」と思った時には、ほかの選択肢を考えず、ストレートにユニクロに向かいます。

商品やサービスを提供する側から見ると、**ポジショニングによって顧客の行動をシンプル化でき、競合が入り込んでくる余地を小さくできる、さらには消費者に商品やサービスに対して愛着を持ってもらえるというメリットがあります。**

消費者の側も、商品を買う際に複数の会社を比較する必要がなくなり、必要なものをスムーズにすばやく買えます。

顧客は面倒なことを嫌うものです。物事を単純化したいという願望もあり、**明快で分かりやすい答えを求めます。**ポジショニングは、そのようなニーズに応えることにもつながるのです。

自分の仕事においてそのような状態をつくるためには、認知度を高めるための宣伝なども必要になりますが、まずはポジションが取れるエリアを定め、ポジショニングにつながる強みをつくらなければなりません。

僕の仕事を例にとると「フリーランスの集客やマーケティングなら仙道」と認識されることが重要で、一対一の支援サービスをつくったり、成果が出るまで徹底的に支援したりするのも、それがポジショニングにつながる強みになるからです。

その分野の一番を目指す

独自性をポジショニングに活かすために、重要な条件があります。

それは、**ポジションを取る領域の中で一番にならなければならないということです。**

かつて政治の世界で「二番じゃダメなのか」という議論がありましたが、ポジショニングに関しては一番と二番は大きく違います。

一番であることが顧客に強烈な印象を与えますし、印象が強烈であるほど「この商品はこの会社」という認知も広まります。

また、一番のものは大勢の人に認知されますが、二番やそれ以下はあまり認知されません。

例えば、日本一高い山が富士山であることはほとんどの人が知っています。しかし、二番目が北岳であると知っている人は少ないでしょう。

商品やサービスも同じで、その分野で一番になるからこそ、顧客に覚えられ、選ばれるのです。品質の一番でもいいですし、新しいことを始める一番乗りでもいいですし、おすすめしませんが、安値の一番でもいいと思います。

いずれにしても、**顧客が「この分野ならこの人」と、真っ先に頭の中に思い浮かべてくれることが大事です。**言い方を変えると、顧客や見込み客が「この分野ならこの人」と思い浮かべやすい領域を見つけると、ポジショニングが成功する可能性が高くなります。

そのため、「この分野」に該当する領域は、ある程度絞り込んだほうがいいと思います。

例えば「洋服といえばどのブランドがいいか」という領域で考えると、顧客はさまざまなブランドを思い浮かべます。高級ブランドを思い浮かべる人もいますし、流行りのブランドを思い浮かべる人もいます。そこで「安い洋服ではどのブランドか」という領域に絞ると、顧客が思い浮かべるブランドも絞り込まれます。ただし、それでも世の中には多数のファストファッションブランドがあります。

ならば「安くて機能性が高い洋服」に絞ったらどうでしょうか。おそらくユニクロを思い浮かべる人が多くなるはずです。

洋服以外の業種でも同じです。

例えばコーチングという領域は広く、競合もたくさんいます。その中で僕のことを思い浮かべてくれる人は少ないでしょう。

しかし、マーケティング分野のコーチングに絞ると、競合の数も絞られます。フリーランス向け、フォローが手厚い、成果にこだわるといった条件を加えると、競合の数はさらに減ります。

そのような視点で自分の仕事の周辺環境を見ていくことで、自分がポジションを取りやすく、一番になりやすい領域が見えてきます。同時に、その分野で一番を取るために解決する課題や、一番だと認知してもらうためにやるべきことも分かってくるはずです。

個人でも対応可能なニーズに的を絞る

一番になれそうな領域を見つけたら、次にその領域できちんと稼げるかどうかも検証します。その際に重要なのが、一番を狙っている市場の大きさです。

例えば、フリーランス向けのコーチングやコンサルティングという領域で一番を狙う場合、その領域に一定数の顧客がいなければ稼ぐことはできません。ですからまずは、世の中にフリーランスで働いている人がどのくらいいるのかを調べることから始める必要があります。

一番になりたい領域に顧客が少ないと感じる場合は、絞り込んだ条件を緩くしたり、すでに成功している競合がどんな人をターゲットにしているかを分析するなどして、一番を狙う領域の規模を微調整するのがよいと思います。

活動領域が広いほど、より多くの顧客を獲得できる可能性がありますが、フリーランスの人が仕事に投じられる時間、お金、労力には限界があります。そのため、顧客が多く、顧客のニーズが幅広くなるほど、個人では対応できなくなります。

例えば、コーチング、コンサルティング全般を仕事にしようとすると、マーケティングについて知りたい、人材育成について知りたい、財務を教えてほしいなどとニーズが多様化します。「あらゆるニーズに応えたい」という気持ちがあっても、実態として僕個人の力では対応できません。無理に対応しようとすればサービスの質が低下します。

また、**幅広いニーズに対応すればするほど、商品やサービスがありふれたものになるでしょう。独自性が薄れ、「この商品、いいね」と共感する顧客や、「このサービスが大好き」と深く刺さる顧客が減るかもしれません。**

その点から考えると、一番を目指す領域の規模は、広いよりも狭く設定するほうがうまくいく可能性が高いと思います。

あまりにもニッチ過ぎるのはよくありませんが、自分が持っているリソース（時間、お金、労力）で十分に対応できるくらいの小さな領域からスタートし、しっかりと顧客に満足してもらいながら徐々に領域を広げていくのがよいでしょう。バランスが肝心です。

顧客はどんな人か具体的にイメージする

どの領域で一番を目指すにせよ、一番になるためには武器が必要です。

自分だけの特徴や長所が、武器にあたります。

では、その武器は誰に刺さり、どんな人が共感してくれるのでしょうか。

その点を整理することもポジショニングに通じます。

洋服を例にすると、安さがウリの服はたくさんありますので、安いだけでは一番になれません。

そのため、機能性が高い、品質がよい、おしゃれ度が高い、返品できる、ネットで買ってすぐ届く、着こなしのアドバイスを提供できるなど、商品の特性、サービスの手厚さや利便性などを切り口として、競合とは違う独自性が必要になります。

安いだけでなく品質もよいのであれば、例えば、一つの服を長く着たい人や、服にあまりお金をかけたくない人などが「いいね」と感じてくれるでしょう。

逆に、高級ブランドを好む人やオーダーメイドで服を買う人は、おそらく興味を持ってくれません。彼らが服を選ぶ際の基準として、安いことへの優先順位が低いからです。

また、安い服を好む人の中でも、おしゃれな服がほしいと思っている人たちは、短期でいろいろな服を着たいと考えます。そのため、長く着られる丈夫さなどはあまり必要なく、品質の優先順位は下がります。

このような点を整理していくことで、**自分のメイン顧客となる層や、自分の顧客になる可能性が低い層が分かってきます。**

顧客層が見えれば、顧客のニーズもとらえやすくなります。

洋服でいうなら、「丈夫」「長く着られる」といった性能がニーズを満たすポイントだと分かれば、競合との差を打ち出す広告戦略も固まっていくでしょう。

サービス面の独自性についても、例えばネットで簡単に買えることが特徴なら、忙しい人やネットショッピングに慣れている人などが喜んでくれるはずです。逆に、採寸してから買う人、オーダーメイド派の人、試着したい人、手触りや着心地などにこだわる人などには刺さらないでしょう。

この場合も、ターゲット層を明らかにすることで、アピールポイントや売り方が見えてきます。

「安い」という特徴は同じでも、「安くて品質がよい服」を提供している人とは違う戦略ができます。その結果としてポジションがつくりやすくなり、その分野で一番になれる道筋もできてくるのです。

一番になると決意する

一番を目指す領域と、そのための武器がなんなのかが把握できたら、あとはひたすら一番を狙って突き進むだけです。

重要なのは「必ず一番になる」という固い意志だと思います。

なぜなら、僕が支援している人たちを見ても「この領域で一番になる」という強い意志を持って事業に取り組んでいる人がどんどん事業を伸ばしているからです。

意志が成果につながる理由を突き詰めていくと、「この道でよかったのだろうか」「違う事業のほうがよかったのではないか」といった迷いが消えて、目の前の仕事に没頭できるということにあるのです。

これは僕自身についてもいえます。

僕はコーチングの仕事が好きですし、コーチングのように誰かが誰かをサポートする文化を広めたいという思いがあります。

自分が好きだと感じることに自分の意志で取り組んでいるのですから、つらいはずがありません。

また、スタートした当初はとにかく会社勤めが苦痛だったため、コーチングの仕事に背水の陣の気持ちで取り組んでいました。コツコツと取り組むうちに、顧客が増えて、収益も増えました。

1日10人以上のコーチングを行い、連日でセミナーを開く日々は、体力的にはつらかったのですが、精神的には思い切り充実していました。

顧客が増えるということは社会に役立っているということです。

それが実感できたことにより、ますますやる気が高まり、一番になりたいという思いはいつしか一番になるという決意に変わったのです。

安売りすると自己評価が下がる

独自性があり、一番を狙える領域が見えたら、さらに具体的に収益拡大に向けた計画をつくり込みます。

その際の鍵となるのが価格設定。つまり、自分の商品やサービスをいくらで売るかを決めるということです。

価格設定の際には、「安売りしないこと」、そして「高く売れる方法を考えること」がポイントです。

安売りしてはいけない理由は、まず安売りをすると「セルフイメージが下がる」からです。

セルフイメージとは、自分で自分をどう見ているかを表す心理学用語で、セルフイメージが高い人ほど事業のパフォーマンスも高くなる傾向があります。

セルフイメージが高い人は「自分ならできる」と思っています。自信があり、気持ちが前向きなため、難しい物事にも積極的に取り組むことができます。

一方、セルフイメージが低い人は「できない」「無理だろう」と思っているため、能力的に実現可能だったとしても取り組む意欲が湧きづらく、取り組んだとしても些細なトラブルで諦めてしまうことも増えます。

セルフイメージが高い人のほうが成功しやすいタイプであることは言うまでもなく、前述した「一番になる」という意志も、セルフイメージが高い人でなければ持てないと思います。

このセルフイメージを下げる行為こそ、安売りです。**安売りをしてしまうと、自分が提供している商品やサービスは安物であるという認識が芽生え、安くしなければ買ってもらえないという意識**

が芽生えます。そうして自分の能力を低く見積もると、自分自身の価値を安くとらえてしまいます。そして、自分の価値を低く見積もってしまえば、愛されることからも遠ざかってしまうのです。

実際、商品やサービスを買う顧客側としても、売り手が「あまり自信ありません」という姿勢で売っているものより、「これはおすすめです」「自信作です」と紹介するもののほうを買いたくなるはずです。

価格競争は自らの首を絞める

価格勝負の戦いは資本力が弱い個人より、資本力がある企業のほうに常に分があります。

もし画期的なサービスを10万円で売り出し、ヒットしたとしても、おそらく企業が似たサービスをより安い価格で売り出します。サービスの質がほとんど変わらないのであれば、顧客は企業のサービスを選びます。対抗するためにはさらに安くする必要がありますが、当然、安くすればするほど利益が減ります。

せっかく事業の柱となるサービスをつくっても、安売りすることによって自ら利益率を下げ、稼げないサービスにしてしまうのです。

そうした値段の叩き合いは、資本力の低い個人には不利です。

個人が行う事業には、リソース（時間、お金、労力）に限界があるため、たくさんつくり、たくさん売る体制がつくれません。

一方、企業は個人よりもリソースが豊富ですので、大量の人や機械を使ってたくさんつくることができます。個人が1日に一人にしか売れないサービスを、100人、1000人に向けて売ることができます。また、大量につくり、大量に売ることによって、生産効率や販売効率も上がり、さらに安売りする余裕ができます。

結果的に、個人の場合は赤字になる価格でも、企業なら利益が出せます。そうして、せっかく考えたサービスが企業のものになっていく……。それが資本主義の偽らざる姿です。

したがって、愛されフリーランスとなるためには、価格勝負を生む安売りは避けたほうがよいといえるのです。

価格を下げるのは簡単でも上げるのは難しい

価格を下げるのは簡単ですが、上げるのは難しいものです。

自分が買い物する時のことを思い浮かべてみると分かりやすいでしょう。

1万円の商品が9000円で売っていた場合、おそらく「ラッキー」「運がよかった」くらいの感覚しか生まれません。

しかし、1万円の商品がある日、1万2000円になっていたらどうでしょうか。「高くなっている！」と驚くはずです。

人は感覚的に、値下げを見た時の喜びより、値上げを見た時の悔しさや悲しさのほうを強く感じます。これはさまざまな心理学の実験で証明されていることで、専門的にいうなら「プロスペクト理論の損失回避性」にあたるものです。

損失回避性とは、自分にとって損になることをできるだけ避けたいと考える思考のバイアスのことを指します。

値上げは消費者にとって損失を生む変化です。

値下げを見た時の喜びより、値上げを見た時の悔しさのほうが大きいなら、値下げによるイメージアップよりも、値上げによるイメージダウンのほうが強くなります。ですから、**一度値を下げてしまうと、上げるのが難しくなるのです。安易な値下げで安売りすれば、自分の首を絞めてしまうだけです。**

価格設定は事業の価値に直結するため、値下げによって事業のイメージやブランドとしての価値も下がってしまいかねません。

例えば、100円ショップで500円の商品を見ると、ほとんどの人が高いと感じるはずです。商品価値としては500円以上のものだったとしても、あらゆるものが100円で買える100円ショップのイメージが確立しているため、500円は高く感じるのです。

ファストファッションも同じで、5000円のジャケットはよく売れるかもしれませんが、5万円のジャケットはほとんど売れないでしょう。ファストファッションの店は洋服が安く買えるブランドとして認知されているため、5万円は高いと感じるのです。

事業も同じで、**安易に安く引き受けると、安くやってくれるというイメージが定着します。その状態で高い商品を売ろうとしても、安くやってくれるというイメージが邪魔になり、顧客が買いづらくなってしまいます。**

例えるなら、下りが楽、上りがつらい坂のようなものです。

価格もブランドイメージも、安売りするのは簡単ですが、一度でも安売りすると、引き返すのがたいへんで、顧客は「高くなった」「損した」という抵抗感を持ってしまうのです。

実際、フリーランスで活動する人の中にも、安売りすることによってつぶれてしまう人がいます。値上げしたら顧客が来なくなるのではないかという不安にとらわれて、利益率が低い仕事で目一杯になったり、収益が悪化したりしてしまうケースが多いのです。

このような理由から、安売りは最後の最後までしないほうがいいといえます。

本気度と成果は価格と比例する

次に、「高く売る方法を考えること」について見ていきましょう。

まずは高く売るメリットですが、商品やサービスを高く売るほど利益率が上がり、それが事業の安定につながります。

加えて、**値段を高く設定したほうが、関わる人々のモチベーションも上がりやすいものです。**

これはコーチングやコンサルティングなどを例にすると分かりやすいと思います。

例えば、マーケティング関連のコーチングを月10万円で提供する場合と30万円で提供する場合を考えてみましょう。

受講者がより本気で取り組むのはどちらかといえば、価格が高い30万円のほうでしょう。10万円使う場合よりも、30万円使う場合のほうが「成果につなげよう」「元を取ろう」という意識が強く働き、本気度が高まり、真剣味が増すはずだからです。

サービスを提供する側にも同じことがいえます。高いお金をもらっている分、責任感が強くなりますし、それだけ自分の能力を高く評価してくれている人への感謝の気持ちや、そのような顧客を大切にしたいという気持ちも強くなるため、成果が出るようにできるだけのことをしよう、求められていること以上のことをしようという気持ちが自然と強くなるのです。

顧客が本気になり、サービス提供者も本気になれば、当然ながら成果も出やすくなります。

もちろん、30万円で売るサービスは、10万円で売るサービスでは得られない付加価値をつける必要がありますが、その点さえクリアできれば、価格は高いほうがよく、顧客にもサービス提供者にもメリットがあるのです。

また、価格を上げ、十分な成果が出せれば、サービス提供者は成果が出たという実績をつくることができます。成果が出れば口コミが生まれ、宣伝効果も高まり、業界内での評価も高くなるでしょう。

安売りする場合と逆で、高いサービスが売れていることや、その内容に顧客が満足してくれていることを知り、セルフイメージも上がります。

僕自身、最初は1回５０００円でコーチングをしていました。その後、試行錯誤をし、内容をレベルアップし、だんだんと値段を上げていきました。

「会社をやめても食べていけるかもしれない」と思ったのは、12万円のパッケージ型のコーチングサービスをつくり、それが売れた時でした。

12万円は当時の僕から見たら大金ですから、プレッシャーもありました。

しかし、自分が提供しているサービスには12万円分の価値があると思いましたし、12万円ならむしろ安いという自負もありました。

そう思えるようになったのは、価格を上げることにより、セルフイメージが高まったからです。

その後もサービス内容を改善し、価格は30万円、50万円、１００万円、３００万円になりました。

それでもずっと売れましたし、その結果として年商も6億円近くまで増えました。

値上げによってセルフイメージが上がり、収益も上がります。

僕の経験上、この３つはリンクしています。

このようなよいサイクルを生むためにも、高く売ることは重要ですし、高く売るために試行錯誤し、商品やサービスを改善していくことが非常に大事なのです。

競合の倍で売る方法を考える

では、高く売るためにはどんな方法があるのでしょうか。

まずは強気の価格設定にしましょう。

一般的な価格設定の場合、市場ニーズを見て、競合の価格を見て「これくらいの価格なら売れるだろう」という上限ギリギリを狙います。

しかし、僕の場合は価格が先です。

強気で相場より高い価格を設定してから、その価格で売るにはどういう商品にするか、誰に向けて売るかという戦略を考えます。

例えば、競合がウェブサイトの制作を10万円に設定しているなら、自分はその価格の2倍にします。3倍でもいいと思います。

「高過ぎて売れないだろう」と思う人もいると思います。

しかし、それは競合と同じ商品を売るという前提で考えるからです。

競合が10万円で売っているということは、市場にて「ウェブサイト制作は10万円」という相場ができ上がっているということです。

同じことをやっても2倍の値段は取れませんが、独自性を出し、新しい価値を乗せるなどして競合の商品よりも2倍の価値がある商品にすれば、2倍の価格でも売れるようになるでしょう。

さて、どんな商品にすれば顧客は「20万円でも安い」「30万円でも買いたい」と思ってくれるでしょうか。

そこを考えることが、事業を考えることなのだと僕は思います。

ウェブサイト制作会社の事業モデルの多くは、ウェブサイトをつくって提供することです。その仕事の相場は10万円ほどとなっています。

ならば、そのモデルから離れて、ウェブサイト制作を「集客支援の事業」なのだと位置づけたならどうでしょうか。

集客支援を事業の軸として、そのための手段として集客アップにつながるウェブサイトをつくり、提供する事業モデルだと考えてみるわけです。

ウェブサイト制作の相場は10万円ですが、集客支援なら20万円支払ってもいいという人がいるかもしれません。

どんな顧客を呼びたいか、ヒアリングしながらサイトをつくったり、サイトができたあとに集客支援のノウハウを提供するといったサービスをつくったりすることで、サイトをつくって提供するという仕事そのものは同じでも、価値が変わり、価格も変わってきます。

仮にその方法でプラス10万円の価値が成立するなら、1年10本仕事を引き受ければ100万円以上の差、10年間で1000万円以上の差が出ます。

ウェブサイト制作という仕事にも幅と奥行きが出ますし、結果として独自性が高まり、競合との差別化にもつながります。

ここでもポイントとなるのは独自性です。

競合と同じ商品を売る発想は独自性がありません。商品に特徴がないため、「売れるだろうか」という不安が生まれますし、「8万円なら売れる」「5万円なら顧客が取れそうだ」などと値下げの方向に進んでしまいます。つまり価格を変えて売ろうとしてしまうのです。

そうではなく、**商品の中身や質を変えればいいのです。**

価格は強気に設定し、その価格に見合う商品をつくってみてください。

商品ではなく体験を売る

前述したウェブサイト制作を集客支援の事業モデルに変える例は、ウェブサイトのデザインという商品を売る「モノ売り」の事業から、集客支援というサービスを売る「コト売り」の事業に変えることといい換えられます。

この発想は高く売るための重要なポイントだと思います。

モノ売りする商品の価格はだいたい相場が決まっているため、2倍、3倍にするのは難しいといえます。

しかし、コト売りは商品ではなくサービスの質によって価値が決まります。

そのため、**顧客が喜んでくれるサービスをくっつけたり、サービス内容を充実させていくことによって、提供する商品そのものは競合と同じでも、相場の2倍、3倍の価格で売ることが可能になるのです。**

僕が知っている人たちの中にも、この発想で成功している人がたくさんいます。

前述のゲームの動画配信の仕事をしている人の場合、モノ売りの発想で考えると、動画という商品を売る仕事です。とはいえ、動画の価格は決して高くありません。

せいぜい「面白かったから10円くらいなら払ってもいい」とか「攻略法が分かったのでお礼に50円払おう」などと考える人がいるくらいでしょう。

テレビもネットもタダで観られる環境の中で、誰かがひたすらゲームをしているだけの動画にお金を払ってまで見ようと思う人は少ないもの。「ゲームの動画配信なんて儲からないだろう」と考える人も、おそらくその発想で事業を見ているのだと思います。

モノ売りの視点から見ている限り、彼が年1000万円以上稼いでいるという現実はなかなか理解できないのです。

しかし実際、彼は年1000万円以上稼いでいます。

繰り返しになりますが、動画に関連する情報を発信したり、ゲーム好きな人たちが集まるコミュニティを運営したりすることにより、そこに価値を感じた人たちが月５００円の会員になっているからです。

彼は動画という商品を売っているわけではありません。

動画は顧客たちを結びつける一つのツールです。彼の事業の本質はコト売りで、情報提供やコミュニティ運営といったサービスを売っているのです。

同様の発想で、モノ売りしている商品をコト売りのツールにする方法を考えてみましょう。

コミュニティ運営を手がけたり、オンラインサロンやメールマガジンの配信といったサービスとくっつけたりできるかもしれません。コンサルティングやサポートサービスとくっつけられる可能性もあります。

そのようなサービスを加えることで、単価を高くできるのです。

レア度を高めて高く売る

高く売るための施策としては、くっつけるサービスを考え、コト売りの事業をつくっていくとともに、モノ売りしている商品そのものを高く売るための工夫も重要です。

では、どうすれば商品の単価を高くできるのでしょうか。

前述のとおり、モノ売りする商品は原価や販売コストなどによって価格が決まることが多く、相場もだいたい決まっています。

そのため、競合が１００円で売っているものや、顧客が「１００円くらいで買える」という相場感で見ているものを３００円で売るのは至難の業です。

ただし、希少性があれば高く売れます。

手に入りにくいレアな商品やダイヤモンドなどがその例といえるでしょう。

希少な商品の価格は、原価のうえにプレミアが乗ります。そのプレミアが大きくなりやすい商品ほど高く売れる可能性も大きくなります。

または、売る場所を変えることによっても高く売れるようになることがあります。

例えば、水のペットボトルは街中では１本１００円くらいでしか売れませんが、砂漠の真ん中に持っていけば1万円で売れるかもしれません。

それは極端な例だとしても、山頂などにある飲み物の自販機では街中の倍くらいの値段で売っていることがあります。

そうして希少性を高められれば、商品そのものの価値が上がります。

顧客が求める成果を約束する

コーチング、カウンセリング、コンサルティングのように無形の商品を売る場合は、成果や効果を保証することによって価格を上げることができます。

成果や効果の保障とは、例えば集客ノウハウのコーチングなら「集客アップ効果が出る」、整体などであれば「肩こりが解消する」といった約束をするということです。

集客や肩こりに悩んでいる顧客側から見ると、成果が約束されているなら高くても価値があると感じてくれるでしょう。

つまり、顧客に提供するノウハウや施術が同じでも、成果を保証することによって高く売れるようになるのです。

この約束のことを、僕は「未来からの約束」と呼んでいます。

集客数が増える、肩こりが解消できるといった未来の成果を約束することで、顧客には安心感を与え、自分には必ずやり遂げるといういい意味での責任感を与えることができるのです。

もちろん、未来のことは誰にも分かりません。

そのため、成果が出なかった場合に備えて、２つの選択肢を用意しておきます。

一つは返金です。

約束した成果が出なかった時に一部または全額返金しますと決めておけば、成果が出なかったとしても信用を失うことにはならないでしょう。

もう一つは、満足できる成果が出るまで支援や施術を受けられるようにすることです。

無料、無制限で延長できる仕組みにしておけば、成果が出るという約束は嘘にはなりません。

顧客としても、集客数を増やしたい、肩こりをどうにかしたいといったニーズを解消できますので、満足してくれるでしょう。

より高価な商品に誘導する

商品単体の単価を上げるのが難しい場合は、「アップセル」と「クロスセル」を考えてみましょう。

アップセルとは、「松・竹・梅」など、商品に複数の価格を設定し、リピーター層を中心とする顧客に高い価格帯の商品を販売していく方法。クロスセルは、関連商品やセット販売できる商品をつくり、一人が1回に支払う料金を増やす方法です。いずれの場合も顧客一人あたりの購入総額を増やすことを目的とします。

商品そのものの単価ではなく、顧客が払うお金の総額に目を向け、収益を増やす考え方のことをマーケティング用語でLTVといいます。LTVはLife Time Valueの頭文字を取ったもので、日本語では顧客生涯価値と訳します。

より分かりやすいよう、アップセルの例を一つ挙げておきます。

コミュニティ運営で会員からお金をもらう場合なら、月1万円の通常会員と月1万5000円のプレミアム会員をつくり、提供する情報やサービスの内容に差をつけることによって、アップセルの道筋がつくれます。

高価格帯に誘導する道ができたら、月額が高いほうの商品のクオリティを高めることにより、会員を高い価格のほうに誘導でき、売上を増やすことができます。

その際に注意したいのが、顧客にとって買いやすい安いほうの商品も、商品単体として成立するくらいの品質にしておく必要があるということです。顧客の視点から見ると、まずは安いほうで効果を確認し、満足してから高いほうを買いたいと考えるでしょうが、そこで安かろう悪かろうの商品を販売していては、高価格帯の商品を買ってみようという気持ちにはなりません。

そして、安い商品と高い商品の価格差がある分だけ、商品の内容もきちんと差があるという点を明確にしておくことが大事です。

コミュニティ運営を例にすると、低価格の会員はメールで情報を受け取ることができ、高価格の会員はコミュニティ主催のイベントに参加できるといった差がつけられるでしょう。

その差が顧客から見て分かりやすいことが大事ですし、イベントに参加したいと思うくらいイベントの内容を充実させる必要もあります。

「高価格帯の会員は月５０００円高い」という負担と「高価格帯の会員になるとイベントに参加できる」というメリットが、イコールかそれ以上にならないとアップセルに誘導することはできません。

最初に強気で価格設定する時と同じで、どんな商品にすれば顧客が高い商品を魅力的と感じてくれるか、月５０００円高くてもお得と思ってくれるにはどうすればいいかという視点で商品をつくり込むのがよいと思います。

セット販売で客単価を上げる

クロスセルについてはハンバーガーを例にすると分かりやすいでしょう。

メイン商品はハンバーガーですが、ハンバーガー単品では100円くらいの売上にしかなりません。

しかし、ポテトと飲み物をつけると350円くらいにできます。

このような関連商品とのセットをつくることで、結果として売上とLTVを増やすことができるわけです。

その際に重要なのは、何を組み合わせるかです。

ハンバーガーとポテトは合います。飲み物もほしいと思う顧客も多いでしょう。しかし、ハンバーガーとおにぎりではセットになりません。

ここでも顧客の視点から見ることが大事で、一緒に買いたくなる商品の組み合わせパターンをつくることが重要です。

例えば、メインの商品が小顔のエステなら、むくみ解消のマッサージや美肌マッサージなどがセットにできるでしょう。肩こり解消のマッサージなら骨格矯正の施術がセットで売れるかもしれません。

学習塾は月々の月謝が収益ですが、夏の強化合宿、英語の特訓クラスなどをつくればセットで通ってくれる人が増えるかもしれません。

関連商品がつくりづらい場合は、メインの商品だけでセット売りすることもできます。

まとめ売りや回数券がその代表例です。

まとめ売りや回数券は、1個あたりの価格と個数、または1回あたりの価格と回数を掛け算しますので、単価そのものは上がりません。むしろ、通常はセット売りする際に割引しますので、1個、1回あたりの単価は下がると思います。

しかし、顧客が払うお金の総額は増えます。

2、3個だけ買って買わなくなってしまう人が10個まとめ買いしてくれたり、3回通ってやめてしまう人が12回分の回数券を買ってくれたりすることになるからです。

クロスセルを考える場合も、アップセル同様、**メインの商品が顧客に評価されていることが前提です。**ポテトや飲み物など関連商品を充実させても、肝心のハンバーガーがおいしくなければ顧客は来てくれないのです。

新規の顧客向けの商品をつくる

アップセルとクロスセルは、基本的には既存の商品を買ってくれる既存の顧客に向けた施策です。アップセルは安いほうの商品を買ってくれる人がいるからこそ成り立つ施策ですし、クロスセルもメイン商品を買ってくれる人がいるから成り立ちます。

そのため、既存客が少ないフリーランスになりたての人は、新規の顧客を獲得するための施策が必要になります。アップセルやクロスセルに乗ってくれる顧客をつくるということです。

そこで有効な方法となるのが、新規の顧客にとって買いやすい商品やお試し感覚で買える商品をつくることです。購入を迷っている新規顧客に商品を試してもらうことで、顧客の間口を広げるとともに、自身の商品やサービスのファンになってもらう、きっかけをつくるのです。

このタイプの商品を「フロントエンド」といいます。

フロントエンドの商品に対し、本来買ってもらいたいメインの商品をバックエンドといいます。

バックエンドの商品は利益率が高く、これの販売数を増やすことが事業拡大の肝となります。

この二つをうまく活用し、新規の顧客がメイン商品を買う顧客になるための道筋をつくります。

フロントエンドの商品は、商品のよさを試してもらうためのものですので、価格はメインで売りたいバックエンドの商品よりも安くします。「この価格なら買ってみてもいいか」と衝動買いできる価格にしておくとよいでしょう。

ただし、フロントエンドの商品でサービスを完結させてはいけません。

フロントエンドの商品はあくまでもバックエンドにつなげるための入口です。

そのため、フロントエンドであらゆる課題を解決してしまうと、バックエンドの魅力が下がり、売れなくなってしまうことがあります。

その点に注意して、フロントエンドの内容を考え、バックエンドにつなげていきましょう。

また、フロントエンドはバックエンドの商品よりも安価に設定しますが、品質を下げ過ぎてはいけません。ここは塩梅が難しいところなのですが、フロントエンドの商品が低品質過ぎると、バックエンドの商品を買おうという意欲を刺激できません。バックエンドの商品と差をつくりつつ、かといって、差を大きくし過ぎてもいけません。バランスが肝心です。

メイン商品と同等の品質を保ちつつ、その肝やエッセンスを部分的に体験してもらうための商品と位置づけて、商品設計するようにしましょう。

例えば、コンサルタントであれば、コンサルティングで提供しているノウハウの一部を抜粋して、セミナー形式などでお試ししてもらうことができます。個別の相談を受けて、課題を指摘したり、解決策の大筋を提案するといったこともできるでしょう。

無料体験や無料サンプルの配布などもフロントエンドの代表的な手法で、エステなどはこの方法で幅広く集客し、バックエンドで複数回の回数券やフルコースのパッケージ商品などの販売につなげています。

フロントエンド商品で改善アイデアを集める

フロントエンド商品には、商品の認知度を高め、集客のハードルを下げるという点のほかにもメリットがあります。

例えば、メインで売りたいバックエンドの商品の改善につながる意見やアイデアなどを、より多くの人から集められるということです。

どんな商品もよし悪しを決めるのは買い手であるユーザーです。

瞬間的に高評価を得ることもありますが、1年後には競合がさらによい商品を出したり、ユーザー側で新たなニーズやリクエストが生まれたりすることもあるのです。

ですから、長く売るためには常に改善していく必要があります。消費者の意見を取り入れることの重要性は先にも述べましたが、フロントエンドの商品でユーザー数を増やしておけば、改善につながる意見もたくさん聞くことができ、すばやく改善できるようになります。

また、フロントエンドの商品を買ってくれた顧客は、メインで売りたいバックエンドの商品の見込み客です。

フロントエンドの商品が売れれば売れるほど見込み客の数が増え、まったく新規の顧客にバックエンドの商品を売る場合と比べると、効率よく集客できます。商品の存在すら知らない人を集客する場合、広範囲に宣伝しなければなりませんが、フロントエンドの商品を通じて見込み客がリスト化できれば、バックエンドの商品の購入の可能性が高い人に絞って広告を出すことができます。

仮にフロントエンドの商品だけで見た場合の収支が赤字でも、見込み客獲得のために使う広告費をセーブできると考えれば、収益性が高くなるかもしれません。

世界的に有名な経営学者であるフィリップ・コトラー曰く、マーケティングの世界では、新規の顧客に商品を売るためのコストは、既存の顧客に売るコストの5倍以上になるという法則があります。

フロントエンドの商品に関しては収益性やコストのことよりも見込み客獲得の効果に重きを置くべきでしょう。

多少のコストは覚悟してでも、フロントエンドの商品で見込み客を増やし、収益性が高いバックエンドの商品につなげるという全体像を意識して、どんな商品にするか、どうやってバックエンドの商品につなげるかという設計を練ることが大事です。

情報提供で見込み客を増やす

自分が扱っている商品でフロントエンドの商品がつくりづらい場合は、商品や事業と関連する情報を提供することによって、フロントエンドの商品の代わりにする手もあります。

商品や事業と関連する情報は、例えば、経営コンサルティングで言うならば、マーケティング、経営理論、心理学などに関する有益な情報などが挙げられるでしょう。

そのような情報を分かりやすくまとめて、メールなどで定期的に発信します。

情報で関心を引き、自分の商品や事業に興味を持ってもらい、顧客になってもらうという道筋です。僕自身、起業したころからメールマガジンの配信を始め、マーケティングなどに関する情報を発信し続けています。長く続けていることもあって、メルマガの会員数もかなりの数になりましたし、メルマガ経由で塾に入会してくれる人も増えました。

フロントエンドの商品の購入者と同様、メルマガ会員も見込み客です。

日常的なコミュニケーションの大半がＬＩＮＥを通じて行われる中、今ごろメルマガ?と思う方もいらっしゃるかもしれません。確かにＬＩＮＥでも、情報を送れば同じ効果を得られる可能性はありますが、実はメルマガは高単価商品を売るのに非常に有効です。

世界展開している大手コンサルティング会社のマッキンゼー・アンド・カンパニーが調べたデータによると、ほかのウェブ媒体に比べてメルマガは40倍以上の利益率を出せるのだそうです。まだまだマーケティングには強いツールなのです。ですから、今でも僕はメルマガを中心にマーケティング展開をしています。

会員数が増えれば増えるほどメインの商品が売れやすくなりますし、コミュニティやオンラインサロンがある場合は、そちらに誘導することも可能となるでしょう。

メルマガ配信などの情報提供で顧客の間口を広げるためには、３つのポイントがあります。

一つは、長く続けることです。

メルマガ配信は見込み客の開拓ですので、メイン商品を買ってくれる顧客が増えたり、売上が増えたりといった目に見える効果につながるまでには時間がかかります。

そのため、どんな情報が喜ばれるのか、アイデアを練りながら辛抱強く配信し続けることが大事です。

二つ目は、情報の出し惜しみをしないことです。

周知のとおり、今はちょっとネットを使うだけであらゆる情報が手に入ります。
また、メルマガを読んでもらうことは、読むための時間を顧客からもらうことでもあります。
ですから、会員登録してもらうためには、顧客が「貴重だ」「役に立った」と感じるような情報を提供することが大事です。**「そんな情報まで無料で提供しちゃっていいの」と思うものを、惜しみなく提供するくらいの感覚でちょうどいいと思います。**

さらに、情報提供の頻度を高めることもポイントになります。

世の中には星の数ほどのメルマガがあります。最近はテキストベースだけでなく、動画で情報提供する人も増えています。

そのような大量の情報に埋もれてしまわないように、頻度を高めて、なるべく顧客の目に触れやすくすることが大事です。

競合がいる場合は、頻度を高めることが差別化の手段にもなるでしょう。

競合が週1回ペースでメルマガを配信しているなら、自分は週2、3回にすることによって存在感を高められます。

メルマガの内容がいつも読み手にウケるとは限りませんから、手を替え品を替え、あらゆるネタを集め、動画などの手段も駆使しながら、毎日配信するくらいの圧倒的な差をつけてもよいと思います。

情報提供に手間をかける意味とは

メルマガなどを使う情報提供は、基本的には無料で行うものですので、収益には直接的にはつながらないと思います。

提供する情報を集めたり、内容を吟味したり、文章を書いたり、動画をつくったりする手間と時間を考えると、赤字になるでしょう。

しかし、それでいいと僕は考えています。

フロントエンドの商品と同様、情報提供は見込み客とつながるための接点ですから、そこで稼がなくても、メイン商品を買ってくれる人が増えればいいのです。

突き詰めていけば「損して得をとる」考え方です。

実はこれも事業を拡大していくための大事なポイントです。

事業者が損するということは顧客が得するということです。そこでファンが増えたり、顧客からの信頼度や依存度が高くなったりする可能性が高くなります。

心理学では、対人関係や取引に対する態度を、「ギバー」「マッチャー」「テイカー」に分けて考えるという概念があります。

ギバーは自分の損をあまり考えずにギブする（与える）人、マッチャーは自分が受け取るものと提供するものがマッチする（等価交換になる）ように調整する人、テイカーは自分が得することを第一に考える人のことです。

世の中に多いのはマッチャーです。

例えば、誰かからプレゼントをもらった場合、ほとんどの人は「お返ししよう」と考えるでしょう。

何かしてもらったら何かしてあげようと思いますし、何もしてもらっていない場合は何もお返ししないと考えるのがマッチャーの基本的な考え方です。

テイカーは、分かりやすくいえば、何かしてもらうことを当たり前だと考えている人です。プレゼントをもらった時にお返ししなくてもよいと考える人は少ないでしょうが、例えば仕事に関しては、「楽して儲けたい」「サボりたいし、給料も増やしてほしい」などと考える人は、与えるものともらうものの等価交換が成立していないという点でみればテイカーといえると思います。

ギバーはテイカーの逆で、何かしてあげることを当たり前だと考えている人です。

手間と時間をかけ、有益な情報を無料で提供することは、ギバーの考えに基づくといえるでしょう。

与える人はいずれ評価される

この３タイプを調査した研究によると、組織の中で最もパフォーマンスが悪かったのはギバーなのだそうです（アダム・グラント著『ＧＩＶＥ＆ＴＡＫＥ「与える人」こそ成功する時代』より）。

その理由は単純で、周りの人のためにせっせと動いてばかりで自分の仕事が後回しになり、パフォーマンスが下がるからです。

では、最もパフォーマンスが高いのはどのタイプでしょうか。

テイカーだろうと考える人も多いかもしれませんが、実は違います。

テイカーはもらうだけですので「もらったら返すのが当たり前」のマッチャーの反感を買います。前述のとおり、世の中の大半の人はマッチャーですから、彼らに評価されないテイカーが成功することはできないのです。

市場で言うなら、テイカーの考え方は粗悪な商品を高値で売るようなものです。

一時的には儲かっても、マッチャーである顧客が「高い」「ぼったくり」と気づきますので、長くは稼げません。

実は、**最もパフォーマンスが高いのもまたギバーなのです。**

その理由はテイカーのパターンと真逆で、周りのために動くギバーの姿勢が「もらったら返すのが当たり前」のマッチャーに評価され、たくさんの手助けと評価を受けられるようになるからです。

このギバーが成功をつかむ構図は、本気で取り組み、よい商品やサービスを提供することで周りから愛され、それが次の仕事につながっていくという愛されフリーランスとまさに同じなわけです。

メルマガなどによる情報提供が、やがてメイン商品の売上につながるのも、この構図と同じです。

与え続けるのはたいへんです。文章を書くのも面倒です。

しかし、続けていればいずれ評価されます。

だからこそ、長く続けることが大事ですし、マッチャーの顧客たちが「いい情報をもらった。何かお返ししなければ」と感じるくらい、有益な情報を発信し続けることが重要なのです。

常に求められた以上のものを提供する

ギバーとして情報提供していく際に注意したいのは、ギバーは最も成功しやすいタイプであると同時に、ともするとパフォーマンスが悪くもなりうるということです。

情報を提供するのはよいことです。それによって顧客からの信頼や信用を獲得できます。

しかし、だからといってメルマガ配信にばかり力を入れていると、メインの事業がほったらかしになり、事業として成立しなくなってしまうでしょう。

重要なのは、その境界線を越えないように注意しながら、ギリギリまで攻めることだと思います。境界線を越えてしまうと、自分が犠牲になり、自滅します。

ですから、その手前までやると決めて、自分の体調や心理状態に目を配りながら、なるべく手厚くサービスします。


起業当初、僕には十分なお金も時間もありませんでしたが、それでも情報発信のためのブログは書き続けていました。

余裕がない時はできることが限られます。

しかし、やれることを限界ギリギリまでやろうという意識があれば、その取り組みは顧客にきちんと響くのだと思います。

もしかしたら、当初は「自分のことを知ってもらいたい」「いい情報を発信していると認められたい」といった自尊心のために頑張っていたのかもしれません。

それでもいいと思います。

理由がなんであれ、重要なのはギバーになることであり、誰かに何かを与えることです。不純な動機でも、結果として顧客の役に立つならギブする意味はあります。

顧客が増え、お金や時間の余裕ができてくれば、自尊心を満たしたいという気持ちは自然と薄れていくでしょう。

自尊心のために頑張っているとしても、それは素直に受け入れていいと思いますし、徐々にでも顧客からの反応が実感できるようになると、情報提供する意義や楽しさも自覚できるようになります。

商品の内容を充実させていくうえでもギバーの意識は重要です。

例えば、僕の塾のサポート内容は、顧客の声を聞きながら随時アップデートしています。塾ではアンケートを取って顧客のリクエストを聞きますし、それには全力で応えます。

その取り組みが顧客に評価されて、「仙道の塾はフォローがよい」「サポート内容がよい」といった口コミが生まれました。

リピーターが増え、口コミ経由で塾に入ってくれる人も増え、今は全体の30～35％くらいの人が口コミで入ってくれています。

起業したばかりのころは、誰かをサポートする楽しさと、「自分にはこの仕事しかない」という切迫感と、「もっと役に立ちたい」「喜んでほしい」という気持ちが相まって、無理し過ぎた時もありました。

ギバーに徹するほど顧客は喜んでくれますが、自分がつぶれたらサポートも途絶えますので、顧客にとっては不利益になります。

以来、**「期待された以上のことをする」**を目安にしながら、自分に負荷がかかり過ぎないように**サービスを改善しています。**

期待以上のことをする、もらったお金以上の仕事をするといったこともギバーならではの取り組み方だと思います。

そのような意識で事業に臨むことが、事業拡大につながる重要なポイントであると、僕は考えています。

第5章

愛されフリーランスになるためのルール④

未来像を描いて、カタチにする。
目標を成し遂げる精神力と思考法を身につける

「フリーランスで稼げる」未来にワクワクできるか

ここまで、愛されフリーランスになるための具体的なノウハウをご紹介してきました。

好きなことを仕事にし、それで稼げるようになるのは幸せなことです。好きな仕事に没頭できる毎日は今まで以上に楽しくなるでしょう。

ただし、フリーランスとして仕事を続けていく道のりは決して楽なことばかりではありません。儲からない時期もあれば、悩む時期もあります。不安やプレッシャーや忙しさに押しつぶされそうになる時もあるものです。

そういう苦悩を含め、楽ではないことさえも楽しめてしまう人が愛されフリーランスとなっていくのです。そう考えると、愛されフリーランスにとって重要なのは、苦労から逃げない強さや、苦労に前向きに取り組む姿勢といえるかもしれません。

本書の最後となるこの章では、愛されフリーランスになるためのマインドセットについて考えていきます。

愛されフリーランスとして成功するためのポイントは３つあります。

「自分はフリーランスで稼げる」という自信を構築すること、目標を明確にして自分を奮起すること、そしてお金を使うことに慎重になり過ぎないことです。

まずは「自分はフリーランスで稼げる」という自信について考えていきます。

僕自身の経験を振り返ってみると、副業としてコーチングを始めた当初は苦労の連続でした。お金がなく、日に日にローン残高が膨らんでいきます。

夜中から朝方までコールセンターで働き、その後、メルマガを書いたりコーチングをしたりするため、時間もありません。

しかし、決してつらかったわけではなく、やめたいともやめようとも考えませんでした。

もう一度あのころに戻るのは嫌ですが、あれはあれで、それなりに楽しい生活だったとすら思えたりするのです。

つらく感じなかった理由を自分なりに分析してみると、「自分はフリーランスで稼いでいける」という自信のようなものがあったからだと思います。

真面目に取り組んでいけば、いずれフリーランスとして生計が立てられるとも考えていました。顧客が増え、収入も増えていくだろうと思っていました。

そうなるという根拠はないけれど、当時の僕には自信があり、将来にワクワクしていました。このワクワク感のおかげで、体力的にはきつかったのですが、精神的には充実した状態で仕事と向き合うことができたのでしょう。

愛されフリーランスを目指す人には、当時の僕のように「フリーランスで稼げる」と信じられるかどうかが、成否を分けるかもしれません。「稼げる」と思えるからこそ、次の一歩を踏み出せますし、「稼ぐ」ことが前提なので、自然に「どうしたら稼げるだろうか」と考えるようになります。

フリーランスに不可欠なマインド資産

「フリーランスで稼げる」と思える力のことを、僕は「マインド資産」と呼んでいます。

フリーランスとして活動していくためにはお金と人脈が大事ですが、マインド資産はこの二つと同じくらい重要で、お金を増やし、人脈を増やしていくように、「稼げる」と確信するための自信と実績を増やし続けていくことが大事だと思っています。

フリーランスになると、その瞬間から「稼げなくなったらどうしよう」「来年の収益はどうなっているだろう」といった不安が湧き出てきます。壁にぶつかった際にも、誰かを頼るわけにもいきません。たとえある程度の収入や人脈ができても、精神的な強さがなければ、不安で自滅してしまいます。

「フリーランスで稼げる」というマインド資産が増えていくと、不安は少なからず軽くなります。不安を完全に消すことはできませんが、うまく付き合えるようになります。

仮に収入が減ったり、なくなったりする時期があったとしても、そのうち稼げると思える人は過度に不安にはなりません。

僕自身も、かつてはお金と人脈の二つを重視し、「お金が増えていれば大丈夫」「仕事をくれる人がいるから大丈夫」と思っていた時期がありました。

当時は会社員よりも稼ごうという気持ちが強かったため、会社員の生涯賃金といわれる2億円を稼ぐことを目標にして仕事に取り組んでいました。

しかし、ある時、お金と人脈だけではダメなのではないかと感じました。

貯金は着々と増えていましたが、大恐慌が来れば顧客は激減しますし、ハイパーインフレが来ればお札は紙切れになります。

人脈ができ、安定的に稼げるようになると「食えなくなるかもしれない」「来年は大丈夫だろうか」といった不安は和らぎます。

しかし、そうなったらなったで、次は「僕と一緒に働いてくれている人の生活を支えられるのか」など、別のことに対して不安が生まれます。

不安の対象が変わるだけで、「フリーランスで稼げる」という自信にはつながらず、フリーランスに求められる精神的な強さも醸成されない。僕はそう気づき、それ以来マインド資産に目を向けるようになりました。

「フリーランスで稼げる」と確信できる人は、仮にお金と人脈がなくなっても、それらを再びつくり上げることができます。窮地に追いやられても再起動でき、自信を持って再出発できます。それがフリーランスに求められる本当の強さだと思い、マインド資産を増やしていこうと考えるようになったのです。

挑戦が自分を強くする

では、どうやってマインド資産を増やしていけばいいのか。

まずは実績を積み上げることです。

これは前述したお金と人脈に関わるところで、フリーランスになったころと比べてお金がどれだけ増えたか、仕事をくれる人がどれだけ増えたかを振り返ってみることにより、自分の仕事や取り組みに自信が持てるようになります。

新しいことに挑戦するのも大切です。

挑戦し、うまくいくという成功体験を重ねれば、どんな状況でも「フリーランスで稼げる」という確信が強化されます。

そのような挑戦をするための出発点として、今の仕事の発展形を考えてみるとよいと思います。**発展形というのは、今の仕事で評価されている事業の本質的な部分を、別の業種、業界などに転用して、事業を進化させるということです。**

僕の仕事である個人向けコーチングを例にすると、その強みの一つは、難しい理論などを分かりやすく伝えるという点です。

この要素は、コーチング以外の分野にも活かせます。集客やマーケティングについてだけではなく、人材育成、新たな商品やサービスの開発、コーポレートガバナンスなどについても、知識を得ればそれを分かりやすく教えることができるでしょう。

コーチングの内容を文章や動画などに落とし込めば教材がつくれますし、動画経由のコーチングがうまくいけば、動画を使った集客術の提案などにもつながるかもしれません。

このように自由に発想を広げていきながら、「できるかもしれない」「面白そうだ」と感じるものには実際に挑戦していくことです。

成功するかどうかはやってみなければ分かりませんが、うまくいけば新たな事業になりますし、稼げるという自信がつきます。もしだめでも別の発展形に挑戦すればよいだけです。

発展形を考えるだけでも、その過程で、今まで気づいていなかった自分の強みや事業の長所などが整理でき、それが自信につながることがあります。強みを認識することによって、今の事業で強化したほうがよいポイントも見えやすくなります。

現状維持は退化と同じ

どんな事業も、10年後にどうなっているかは分かりません。30年後はまったく未知の世界です。

過去を振り返ってみても、この10年の間になくなった仕事はたくさんあります。

ですから、「自分はこの事業一本で食っていく」と決めつけてしまうと、むしろ危険なのです。

自分の仕事が消えてしまうリスクを抑えるためにも、発展形への挑戦は積極的に行うのがよいと思います。

発展形について重要なのは、ニーズが減り、その結果として仕事が消えてしまう前に、次の事業の形をつくっておかなければならないという点です。

顧客がいなくなってから別のことをやろうと思っても間に合いません。

そうなる前に顧客のニーズがどう変化しているかを察知して、事業モデルをつくり替えていくことが大事です。

フリーランスになる人の中には、この点を見落としている人が多くいます。

フリーランスは、事業を軌道に乗せるまでがたいへんで、軌道に乗ったら安心だと思っている人が多いと感じますが、実態は逆です。

事業が軌道に乗ってからも課題は常に出てきます。事業が大きくなるほど顧客の数は増えますし、目標のレベルも高くなるため、難しい局面も増えていきます。

フリーランスは会社と違い、一つの事業のみで成り立っていることがほとんどです。

その事業で稼げている間はよいのですが、前述のとおり、10年後のことは分かりません。

このリスクを抑えるためにも、事業モデルを進化させるか、もしくは、２本目、３本目の柱となる事業をつくり出す必要性を認識しておくことが重要です。

今の仕事でフリーランスになったからといって、ずっとその仕事を続けなければいけないわけではありません。どんどん事業モデルを変えてよいのです。

今の仕事が大好きでも、十分なニーズが獲得できなくなってきたら、初心に戻り、自分が没頭でき、のめり込める仕事を探しましょう。

その際にも、やはり「フリーランスで稼げる」というマインド資産が重要です。

自信があるからこそ別の事業に挑戦できます。

今の仕事で食べていけなくなる前に、次の仕事に自信を持って挑戦するマインド資産をつくっておく必要があるのです。

目標を明確にして前に進む

次に、「目標を明確にして自分を奮起すること」について考えてみましょう。

フリーランスを目指す人は、第一の目標として独立を掲げます。

しかし、愛されフリーランスになるのなら、重要なのはその先です。

愛されフリーランスになって何を実現するか、どんな人に、どんな価値を提供し、どんな成果が見込めるかといったことは、ある程度でもよいので決めておくほうがよいと思います。

僕のフリーランスの第一歩は、コールセンターの仕事とコーチングの仕事の二足のわらじでした。夜中はコールセンターで働き、そのあとでコーチングの仕事に励み、どうにかして専業のフリーランスになろうと努力していました。

ところが、なかなか芽が出ません。

当時はコールセンターの仕事が苦痛で「1日でも早くやめたい」と思っていたのですが、コーチングの収入が増えず、安定しなかったのです。

そんな状況に悶々としていた時、コールセンターの同僚で、かつて自分で事業をしていたことがある人とご飯を食べる機会がありました。

何気なく芽が出ないことを相談したら、**「具体的な目標がないと先には進めないよ」と教えてもらいました。**

フリーランスとしての目標をきちんと意識したのはこの時が初めてでした。

それまではコールセンターをやめることと、そのためにフリーランスになることだけが目標で、独り立ちして何を目指すか考えていなかったのです。

これを機に、僕は僕自身と正面から向き合い、フリーランスになって何をしたいのか考えるようになりました。

そして、コンサルタントやセラピストなどサポート職に就いている人たちを支援し、自立したサポーターを増やし、日本にサポート文化を広めるという目標が明確になりました。

それまでは目標が定まっていなかったため、コーチングの内容が漠然としていました。例えるなら、行くあてもなく、右往左往しているような状態です。

しかし、目標が明確になることにより、自分がどこに向かうのかが決まりました。

ようやく右往左往する状態から抜け出すことができたのです。

未来から逆算して今やることを明らかにする

目標が決まったら、次は目標にたどり着くための道のりを考えます。

目標達成までの道のりは、未来から逆算するとつくりやすいでしょう。

例えば、10年後に自分がどうなっていたいか考えてみます。

その状態になるためには、5年後にどうなっている必要があるのか、1年後はどうか、半年後はどうかと時間軸を短くしていくことで、今やることが見えてきます。

僕もそのように考えて、直近の目標としてコーチングで月20万円稼ぐと決めました。

日本にサポート文化を広めることが大目標だとしたら、その手前には、会社をやめ、専業のフリーランスになるという中目標があります。さらに手前にあるのが、20万円という小目標です。

また、20万円という小目標に対しても、20万円稼ぐためにやるべきことを細分化し、設定しました。

例えば、ブログを書く、知人、友人からニーズを聞く、本を読んで勉強するといったことです。

これらは目標というよりは直近のＴｏＤｏ（やること）リストのようなものです。

目標だけつくっても具体的に何をするのかを決めなければ行動できません。

目標と、目標達成までの道のりが見えたことにより、僕の生活パターンは大きく変わりました。「20万円」という小目標を達成するために、僕がやらなければならないことはたくさんありました。

しかし、１日は24時間と決まっています。

目標を達成するためには、日々の時間の使い方を見直さねばなりませんでした。

このころから、僕はテレビを見たり友達と遊んだりして過ごしていた時間をすべてフリーランスになるための準備に充てるようになりました。

そしてＴｏＤｏを明らかにし、着々とこなしていくことにより、フリーランスに向かう道のりが整理され、「自分は着実に目標に近づいている」という実感を得ながら、その道を進んでいけるようになりました。

それからコーチングの収入は20万円を超えるくらいまで増えていました。

「これならコールセンターをやめられるかも」という状態になりました。

目標ができると日常が変わる

目標を意識していなかったら、おそらく僕はフリーランスになれず、今もコールセンターとの副業で右往左往していただろうと思います。フリーランスになることを諦めて、つらい仕事を我慢しながら生きていたかもしれません。

それくらい大きな差を生むほど、目標は大切なものなのです。

僕の場合、日本にサポート文化を広めたいという気持ちと、そのためにフリーランスになるという使命感がありました。その目標のために、自然とあらゆる時間を振り分けられるようになりました。このように、あらゆる時間を自然と、無理なく仕事に使えてしまうのが理想だと思います。

そのためには、まずは目標を明確にすることが大事です。

目標を達成できた時の自分を想像し、その姿にワクワクできるくらい明確になると、目標が勝手に生活パターンを変え、目標達成しやすい暮らし方にしてくれます。

趣味や遊びの時間を仕事に使うというと「面白くなさそうだ」「つらそうだ」と感じる人もいるだろうと思いますが、それは違います。

実際にやってみれば分かるのですが、いつも楽しくて仕方がありません。やりたいことに集中しているためつらくありませんし、やればやるほど目標に近づく実感があり、生活が充実します。

定量目標と定性目標を立てる

これから目標を立てる場合は、定量的な目標と定性的な目標を両方立てるのがよいと思います。定量的な目標は、月20万円稼ぐ、毎週３人から話を聞くといったように数値化できる目標です。定性的な目標は、自分がなりたい状態や、心構え、行動など、数値化が難しいものです。僕が目標に掲げている「日本にサポート文化を広めること」も定性的な目標です。

定量的な目標は、成果を数字で測ることができ、達成できたかどうかも一目瞭然。去年や先月の状況と比べたりしながら、成長度合いを確認できます。

ただし、定量的な目標ばかりに気を取られると、「数字至上主義」に陥りかねません。極端な例を挙げると、顧客の期待を裏切ってでも売上を伸ばせばよいというような発想になってしまうことがあります。

一方、定性的な目標は、社会に対しどう役立つか、顧客をどう幸せにするかといった発想のもとともなります。事業家として、社会人として、人として正しく仕事をするための道しるべです。

ただ、そのような目標は達成度が測れませんから、反省や改善がしづらく、直接的に成長へとつなげることが難しいものです。

こうしてそれぞれによいところがありますが、それぞれに欠点もあります。

だからこそ、両方の目標を立てることが大事なのです。

難易度が高い目標がブレイクスルーを起こす

僕の場合、目標を掲げたことによって生活パターンが変わり、その後の人生も変わったわけですが、事業が軌道に乗ったあと、売上が頭打ちになったり、仕事の内容がマンネリ化してきたと感じた際にも、近いところの目標を見直すことで、その壁を打ち破ることができます。

例えば、月20万円稼ぐという目標を達成できたとします。引き続きコツコツ取り組んでいけば、目標額を月30万円、50万円に上げても、いずれ達成できるだろうと思います。

しかし、この成長にはいつか限界がやってきます。リソース（時間、お金、労力）には限りがあるからです。

そうした際には、あえて今の自分では届かない目標を立てるようにします。

すると、**今までのやり方の延長線で考えても目標額に届かないわけですから、別の方法を考える**

ようになります。

必死に知恵を絞り、考え続ける中で、ブレイクスルーが起きます。

まったく新しい事業を思いついたり、これまで目を向けてこなかった方法論を取り入れたりするなど、発想が根本から変わることによって新しい事業モデルがつくり出せるようになります。

自分に高い目標を課すのは、決して楽なことではありませんが、必要なことです。

現状として事業がうまくいっていたとしても、その状況に満足していたら、いずれ競合に追いつかれ、抜かされてしまうでしょう。

第４章で説明したとおり、愛されフリーランスになるための近道は、成功している人をモデリングし、独自性を加えて追い抜くことです。

自分がフリーランスになる時にはすでに成功している人を真似しましたが、自分が成功している人の側になると、今度は自分の事業が真似されます。モデリングする成功者はせいぜい数人ですが、モデリングしてくる人の数は、その何十倍、何百倍にもなります。

目標は常に高くしていくことが大事ですし、時には思い切り高くして、今までの事業モデルを捨てるくらい大胆な改革をしなければならないのです。

稼いだお金をどう使うかが重要

最後に、「お金を使うことに慎重になり過ぎないこと」について考えます。

フリーランスになったら、基本的にはあらゆることを自分で決めることになります。何をして稼ぎ、どうやって集客するかといった戦略の部分だけでなく、稼いだお金の使い方も自分で決めなくてはなりません。

フリーランスを目指す人の中には「お金が自由に使えてうらやましい」と考えている人も多いことでしょう。

実際、フリーランスとして成功すれば、経済的に自由になることはできます。

しかし、**自由に使えても、その使い道は十分に考えなければなりません。**

フリーランスの事業は、どうやって稼ぐかも重要ですが、稼いだお金をどう使うかによって、そのあとの成長が大きく変わってくるからです。

豪遊や散財をやめましょう、ということではありません。

お金を使って楽しむのはよいのですが、事業を成長させるためにもきちんとお金を使いましょうということです。

稼いだお金をすべて遊びに使ってしまうと、事業はそこから伸びなくなります。やがて後発の競合に追いつかれ、追い越されてしまいます。

そうならないためにも、稼いで終わりではなく、稼いでからどうするかを考えることが大事なのです。

自分に投資して仕事の価値を高める

お金の正しい使い方の一つが、自分への投資です。

自分に投資する理由は、それが商品の質を高めることにつながり、事業の成長にもつながるからです。

事業のレベルは、その仕事をする自分のレベルとほぼイコールです。

だからこそ、自分にお金を使うことが大事ですし、自分を成長させた成果がすぐに事業に反映されるという点で、フリーランスの人が自分に投資する効果は大きいといえます。

具体的な投資の方法としては、勉強する、人と会う、働きやすい環境を整えるなどが挙げられます。人前に出る仕事やイメージによって集客効果が変わる仕事をする人は、自分の見た目をよくすることも投資に含まれるでしょう。

僕の場合、働く環境などにもお金を使っていますが、最も金額が大きいのはセミナーや勉強会などの参加費用です。前述のとおり、同業者のセミナーによく参加していますし、今の事業をブラッシュアップしたり、新しい事業をつくり出すための知識や情報を探したりするために、集客やマーケティングなどとは直接関係のないセミナーに参加することもあります。

第3章でも触れましたが、僕がセミナーなどへの参加費として使っているお金は年間で2000万円ほどです。2000万円は大金ですが、それくらいのお金を投資してでも、自分自身を成長させることが大事であると僕は考えています。

そして重要なのは、金額そのものではなく、投資した金額以上のリターンが得られるかどうかです。

2000万円を預金しても数千円の利息にしかなりません。

しかし、セミナーに参加してよいヒントが得られれば、それを事業に活かすことにより、大きな収益が生み出せます。

その繰り返しと積み重ねで、僕の事業は成長してきました。

自分にお金を使うことをためらってはいけません。

まずは自分に投資する意識を持って、少額でもよいので自分にお金を使い始めることが大事だと思います。

お金を借りて投資する手もある

決しておすすめするわけではないのですが、手持ちのお金がない場合は、誰かに借りたお金で自分に投資することもできます。

僕はその方法でセミナーや講座に通いました。

まだコールセンターの仕事を続けていた時のことです。

当時は生活費の余裕すらなかったのですが、コーチングについて学び、1日も早くフリーランスとして独立したいと思い、ローンを組んでセミナーなどの参加費用に充てることにしたのです。

僕の場合でいえば、その判断は正しかったと思います。

当時の僕には勉強のために使える時間が少なかったため、コーチングに関するポイントなどを短時間で学べる機会がとても重要でしたし、役立ったのです。自力で勉強していたら、おそらく何倍もの時間がかかっていたでしょう。

何を、どうやって勉強すればいいかも手探りだったため、学習効率も悪かっただろうと思います。

その点から見ると、セミナーなどに参加するためのお金は、時間と効率を買うためのお金ともいえるでしょう。

セミナーで学ぶノウハウなどは、講師が自力で構築し、時間をかけてまとめたものです。

セミナー代を払うということは、ノウハウを買うだけでなく、そのノウハウをつくるためにかけた労力や時間を買うということでもあるのです。

スピードを重視したい時や短期で集中的に学びたい時などはセミナーなどがよい手段になります。場合によっては、ローンを組んで参加することが独り立ちする近道になることもあります。

ちなみに、僕のローンは最大で300万円くらいでした。内訳の多くはセミナーなどの参加費ですが、そのほかに本や教材などを買うためにも使いました。それが今の事業の礎になっているわけですから、よい投資だったと思います。

また、当時の僕にとって300万円は大金でしたが、自分なりに返せるだろうという算段もありました。

そのころに住んでいた家は家賃5万円でしたし、趣味や洋服やおいしいものを食べるためなどにはほとんどお金を使っていませんでした。そのようなライフスタイルを維持すれば返済していくことはできるだろうと思いましたし、足りなければアルバイトをして返す覚悟もありました。

あくまでも返せる道筋が見えていることが前提ですが、その場合はローンを組んで先を急ぐという方法を考えてみてもいいかもしれません。

時間を買ってメインの仕事に集中する

稼いだお金の使い方として大事だと思うのは、時間を買うために使うことです。

時間を買うことで、自分が使える時間を生産性が高い仕事に回すことができます。

コーチングを例にすると、メインの仕事は顧客を支援したり、セミナーなどでノウハウを話したりすることです。そのためには情報を集め、知識を増やし、分かりやすく伝える方法を練る必要があります。

これらは稼ぐためにも、事業を成長させていくためにも重要で、生産性が高い仕事でもあります。

一方、日々の業務の中にはそれほど重要ではないものもあります。例えば、セミナー会場を手配したり、セミナー参加者のリストをつくったりするのがそれにあたります。事業の収益計算や問い合わせ電話の対応などもやらなければならず、セミナーの告知サイトをつくったり、資料をつくったりする必要もあります。

ここに時間を使ってしまうと、メインの仕事に使える時間が減ります。結果、事業の生産性が下がり、成長も鈍くなってしまうのです。

それを避けるために、お金を払って仕事を任せ、メインの仕事に使える時間を捻出するわけです。

フリーランスになると、あらゆる仕事を自力でこなさなければなりません。

ただし、すべての仕事に直接手を出す必要はありません。

「この仕事はあの人に任せよう」と判断して、お金を支払い、他者の手を借りるのも、愛されフリーランスにとって重要なことなのです。

雑務に追われる損失に目を向ける

僕が時間を買う重要性を実感したのは、年商1000万円から2000万円くらいになったころです。

それまでは顧客の数が少なかったため、コーチングの仕事と事業上の雑務を両方こなすことができました。

しかし、年商1000万円を超えたくらいからコーチングの仕事が増え、それに伴って雑務も膨れ上がりました。急激に忙しくなり、時間に追われるようになったのです。

仕事の内容によっても多少の違いがあるとは思いますが、僕自身の経験や周りのフリーランスの人たちを見ていると、年商1000万円くらいで忙しさのピークを迎えることが多いように感じます。

さらに上を目指したい気持ちはあります。仕事の量を増やし、質を高め、売上を増やしたいと思っています。

しかし、時間が足りず、手が打てません。

それが壁となり、忙しい状態のまま事業が伸び悩んでしまうのです。

この壁を越える最も効果的な方法が、雑務を誰かに任せることです。

僕の場合も、雑務を人に任せたことによって年商が再び伸び始めました。今はメインの仕事以外はほとんど人に任せています。

年商は当時の数十倍になりましたが、忙しさで比べると今のほうが暇です。

時間の余裕ができたことにより、メインの仕事に専念できるようになりましたし、仕事の質が上がり、単価も上げやすくなりました。

重要なのは、このようなサイクルを生むことだと思います。**時間を買うためのお金を惜しんではいけないのです。**

雑務が増えるほど成長は鈍化する

誰かに仕事を任せるためには、自分がやることとやらなくてよいことを整理する必要があります。

では、必ずしも自分でやらなくてよい仕事にはどんな仕事があるでしょうか。

例えば、会社設立の手続きや税金の管理などは自分でやらなくてよい仕事の一つだと思います。

法律が絡む手続きなどは仕組みを理解するだけでも時間がかかるでしょう。

会社設立なら行政書士、税金関係なら税理士に任せたほうが正確に処理できます。

事業を知ってもらうためのウェブページをつくる仕事や、情報発信などに使う動画の編集も同じです。自分よりうまくできる専門家がいるわけですので、任せたほうがよいでしょう。

最近はフリーランスの人たちが仕事を募集するサイトもたくさんありますので、つくり手を見つけるのも簡単です。自分でつくるよりも早くできあがりますしコストも比較的安く収まります。

もちろん、新たな知識を学びたいなら自分でやってみることもできます。どんな勉強も無駄になることはないでしょう。

しかし、それはメインの仕事ではないはずです。

自分がやらなくてもよいことに時間を使うのは、たとえそれが楽しくとも、事業の成長のスピードが下がることを認識しておく必要があると思います。

効率化は、簡単にいえば、生産性が高い仕事を、安く、速く行うことです。

その点から見ても、専門家に任せる視点は大事ですし、逆にすべてを自分でどうにかしようとするほど事業は非効率になっていくものです。

「餅は餅屋」の意識で自分がやることを絞り込み、そこに集中する。自分がやらなくてよいことや、自分よりもうまくできる人がいることは、徹底的に任せる。それくらいの思い切った線引きが大事だと思います。

お金と時間がフリーランスの生命線

これから愛されフリーランスとして成功したいと思っている人に伝えたいのは、**時間はお金と同じくらい重要な生命線であるということです。**

フリーランスになる人は「顧客を増やそう」「100人を1000人にしよう」と意気込みます。

しかし、実際に1000人の顧客から仕事を打診されたとしても、対応できる時間的な余裕がなければ引き受けられません。

そこで安易に断れば信用を失うでしょうし、引き受ければ引き受けたで、仕事の質が下がって信用を失うでしょう。

どちらに転んでもいいことはありません。

質が高い仕事を提供するためには時間の余裕が必要です。その余裕をつくるためには誰かに雑務を頼む必要があり、お金を払ってでも時間を捻出する意識を持っておくことが大事なのです。

仕事の一部を誰かに任せることに抵抗感を持つ人もいると思います。

誰かに任せれば手持ちのお金が減るし、仕事の質が下がるかもしれない……。そうした不安はよく分かります。

しかし、だからといってお金を使わなければ、いつまでたっても一人でできる範囲でしか仕事ができず、事業は拡大できません。

より上を目指すなら、自分でやらなくていいことは、どんどん人に任せるべきです。

「自分がやったほうがいい」は誤解

誰かに仕事を任せるということは、その人の労力や時間を買うということでもあります。

例えば、年商900万円のフリーランスの人が年間300日働いているとすると、1日あたり3万円のお金を稼いでいることになります。日給3万円の計算ですが、仮にこの人が事務仕事に1日を充てたなら、そのために3万円のお金を使ったと考えることもできるでしょう。

では、派遣サービスなどで秘書を雇ったらどうなるでしょうか。

例えば、月10日働いてくれる秘書の給料が月10万円だったとします。

10万円払うことに抵抗感を持つ人は多いのですが、事務仕事の時間を買うという視点から見ると、月10日で10万円なら、１日あたり１万円です。

３万円かけていた仕事を１万円で任せられる。そう考えると、よい買い物であると思えるはずです。

そうしてできた時間を使って、商品の質を高めたり、新しいサービスを考えたりすることにより、投資したお金以上の価値を生み出すことができます。

自分の時間の単価を計算してみると、自分がやるよりも誰かに任せたほうが安く収まることは多いと思います。

やることと、やらなくていいことの線引きが大事

誰かに仕事を任せることにより、仕事の質が下がると心配する人もいます。

これは、どんな仕事を任せるかによって変わってきます。

例えば、ウェブサイト制作や税金の計算など専門性が必要な仕事は、むしろ自分でやるよりも専

門家に任せたほうが、質が上がります。このような仕事は優先的に任せるべきです。

一方、メインの仕事や、メインの仕事に近い仕事は、基本的には自分が最もうまくできますので、誰かに任せることによって質は下がるでしょう。

僕の仕事を例にすると、顧客と最もうまく対応できるのは僕自身です。

そのため、誰かにやり方を伝授したとしても質は低下します。

そもそも「仙道のコーチングを受けたい」という顧客が来てくれているわけですから、僕以外の人が対応すると顧客の満足度は下がります。

ここは人に任せずに自分の仕事として残します。

こうしてメインではない仕事にかけている時間を減らし、メインの仕事に携わる時間を確保するのが時間を買う考え方の基本です。

その切り分けを明確にするためにも、自分がやったほうがよい仕事と、やらなくてよい仕事はきちんと整理しておくことが大事です。

ただ、どうしても誰かに任せなければならない場合もあります。

例えば、一人では対応しきれないくらい顧客の数が増えた時や、2店目、3店目をつくって事業を拡大していくようなケースです。

その場合は仕事の質が２、３割低下することを受け入れるしかないと思います。

コーチングを例にすると、セミナーの講師や顧客からの個別相談は基本的には僕が行いますが、どうしても時間が足らず、手が回らないことがあります。

その時は、セミナーや対応の質が下がることを受け入れて、誰かに任せます。

当然、質が落ちる分はそのほかのサービスなどで穴埋めしますが、事業の拡大を優先したい時は、一時的な質の低下を受け入れてでも、時間をつくることが大事な場合があります。


先に、フリーランスの人が年商１０００万円くらいで忙しさのピークを迎えることが多いとお伝えしましたが、この壁を乗り越えて、事業をさらに広げていく時も、一時的な質の低下を受け入れて、事業拡大に取り組む時間をつくることが解決策になるだろうと思います。

すでにフリーランスとして仕事をしているならば、自分の日々の仕事を書き出してみてください。

そして、自分がやらなくてよい仕事、自分以外の人のほうがうまくできる仕事、メインの仕事と遠い仕事などを選び出し、誰かに任せていきましょう。

そうしてメインの仕事の質が上がれば、自分の価値もさらに高まっていくはずです。

おわりに

ここまで読んでくださってありがとうございます。

ここまで真剣に読んでくださった皆さんは、本気でフリーランスとして歩き出し、成功したいと思っているのだと思います。

数年前の僕も同じ状況でした。

あらためて当時の自分のことを振り返ってみると、今の僕は当時の僕にこんなことを言うだろうと思います。


人生は一度きりです。同じ日は二度と来ません。

1日1日を真剣に生きていますか。

自分がやりたいと思っていることを本当にやっていますか。

今日やりたかったことを100%やり切ったと言えますか。

もし100%とは言えないのなら、原因を考えてみてください。

お金がない、時間がない、自信がない、能力がないなど、理由はいくつも思い浮かびます。人間関係のしがらみでやりたいことができないと言う人もいるでしょう。

どんな理由があるにせよ、現状として100%の力を出し切れていないのなら、そのことは素直に認めたほうがよいと思います。

日々100％で取り組むのは難しいことです。しかし、難しい、厳しい、きついと感じた時ほど、**人生は一度きりなのだと思い出してほしいと思います。**

できない理由を探すのは簡単です。その間にも、時間は残酷に過ぎ去ってしまうのです。

日々やることを決めて、取り組んできた結果が今の僕です。

「100％じゃなくてもいいや」とどこかで思っていたとしたら、僕の今は大きく変わっていたことでしょう。その価値を強く実感しているため、僕は過去数年間の自分に感謝していますし、人生は一度きりなのだということを皆さんにも伝えたいと思っています。

僕の考えに共感し、今、この瞬間から毎日を変えていきたいと思うのであれば、きっと本物の愛されフリーランスになれます。

将来の成功が確定したと思ってもよいと思います。

皆さんのこれからの活躍を祈っています。

2020年7月

株式会社マーケティングフルサポート　代表取締役　仙道達也

【プロフィール】

仙道達也（せんどう　たつや）

株式会社マーケティングフルサポート代表取締役。マーケティングコンサルタント、プロデューサー。大分県出身。ミュージシャンを志して上京するも芽が出ず、フリーターで生活しながら、オンライン上での事業の差別化と集客ノウハウを独学で習得する。2014年に株式会社マーケティングフルサポートを設立。フリーランスになりたい人や起業したい人のためのWeb差別化や集客仕組み化を教える講座をはじめ、起業家、経営者向けのコンサルティング、プロモーション、広告代理などを実施。売上ゼロスタート、副業スタートの顧客が多い中、報告があるだけでも324名以上が100万円～1000万円以上の売上UPに成功。年商1000万円～1億円以上のフリーランスも140名以上輩出し、約5年間で累計32億円以上の売上UPに貢献（2020年6月時点）。Web初心者にも分かりやすい丁寧で親身な指導が評判を呼び、業界から注目を集めている。

本書についての
ご意見・ご感想はコチラ

愛されフリーランスのすすめ
楽しく働いて仕事が途切れない私になる4つのルール

2020年7月22日　第1刷発行

著　者　　仙道達也
発行人　　久保田貴幸

発行元　　株式会社 幻冬舎メディアコンサルティング
〒151-0051　東京都渋谷区千駄ヶ谷4-9-7
電話　03-5411-6440（編集）

発売元　　株式会社 幻冬舎
〒151-0051　東京都渋谷区千駄ヶ谷4-9-7
電話　03-5411-6222（営業）

印刷・製本　瞬報社写真印刷株式会社
装　丁　　田口実希

検印廃止

Printed in Japan
ISBN 978-4-344-92856-5　C0034
幻冬舎メディアコンサルティングHP
http://www.gentosha-mc.com/